普通高等学校创新创业人才培养系列教材

营销之道：
创新营销决策管理实践

主　编　◎　陈慧君（武汉城市职业学院）
　　　　　　潘津津（杭州贝腾科技有限公司）
副主编　◎　徐亚军（杭州贝腾科技有限公司）
　　　　　　陈建华（武汉城市职业学院）
　　　　　　王　曦（武汉职业技术学院）
　　　　　　王　平（襄阳汽车职业技术学院）
　　　　　　王　攀（武汉船舶职业技术学院）
　　　　　　李　莉（武汉铁路职业技术学院）
　　　　　　陈卫红（湖北职业技术学院）
　　　　　　赵　苗（武汉软件工程职业学院）
　　　　　　李亚林（武汉城市职业学院）

华中科技大学出版社
http://press.hust.edu.cn
中国·武汉

图书在版编目（CIP）数据

营销之道：创新营销决策管理实践/陈慧君，潘津津主编．—武汉：华中科技大学出版社，
2023.8
ISBN 978-7-5680-9662-1

Ⅰ.①营… Ⅱ.①陈… ②潘… Ⅲ.①营销管理 Ⅳ.① F713.56

中国国家版本馆CIP数据核字（2023）第158587号

营销之道：创新营销决策管理实践　　　　　　　　　　　　　　　陈慧君　潘津津　主编
Yingxiao zhi Dao：Chuangxin Yingxiao Juece Guanli Shijian

策划编辑：周晓方　陈培斌　宋　焱
责任编辑：苏克超
封面设计：廖亚萍
责任校对：张汇娟
责任监印：周治超
出版发行：华中科技大学出版社（中国·武汉）　　　电话：（027）81321913
　　　　　武汉市东湖新技术开发区华工科技园　　　　邮编：430223
录　　排：华中科技大学出版社美编室
印　　刷：武汉市洪林印务有限公司
开　　本：787mm×1092mm　1/16
印　　张：11.5
字　　数：218千字
版　　次：2023年8月第1版第1次印刷
定　　价：38.00元

本书若有印装质量问题，请向出版社营销中心调换
全国免费服务热线：400-6679-118　　竭诚为您服务
版权所有　侵权必究

前　言

党的二十大报告从战略全局对全面建设社会主义现代化国家做出战略部署，对办好人民满意的教育、加强教材建设和管理提出明确要求，是一篇开启新征程的光辉的马克思主义文献，是未来一个时期的行动纲领，为新时代新征程教材工作指明了前进方向、提供了根本遵循。教材建设是国家事权的重要属性，凸显了教材工作在党和国家事业发展全局中的重要地位，以及以习近平同志为核心的党中央对教材工作的高度重视和对"尺寸课本、国之大者"的殷切期望。

营销管理是一门建立在经济科学、行为科学和现代管理理论之上的应用型学科，该课程是我国高校财经管理类专业的一门骨干课程。目前该课程的教学还以课堂讲授为主。而对于营销管理这门实战性极强的课程来说，迫切需要改变学生学习方式，开设市场营销实战模拟课程已成为很多开设市场营销专业课的院校锻炼学生实战能力的首选。基于营销实战模拟训练，参与营销学科竞赛，撰写营销策划文案，可极大提升学生的营销实战能力。

"学创杯"全国大学生创业综合模拟大赛以创新求实为主题，其中创业营销赛项旨在锻炼人学生的营销实战能力、团队协作能力和创新精神，参赛学校众多，是全国范围内影响力最大的营销类比赛。参赛团队综合表现由营销方案路演和营销软件模拟演练等部分组成，其中"营销之道"是该赛事的指定软件。许多高校购买了"营销之道"，用于大赛模拟训练和营销实训课程的讲授。

"营销之道"是营销管理技能综合训练平台，通过对企业营销管理的模拟，将企业运营中普遍应用的营销知识、工具、模型、方法与国内外成功企业的营销管理经验融入到模拟企业的经营管理中，使学生在模拟经营中快速掌握营销管理这一实践性极强的学科知识，并使复杂、抽象、枯燥的营销理论知识趣味化、生动化和形象化。

为了学生在实训中能明确任务，便于教师有效组织营销实训课程的讲授和在"学创杯"全国大学生创业综合模拟大赛创业营销专项赛营销软件模拟演练对抗中赛出好成绩，极大提升营销实训的效果，特编写了此书，作为"营销之道"的配套实训教程。本实训教程架构采用模块化模式，以任务为导向。实训包括实验目标、实验内容及步骤、注意事项、思考与练习四部分。

本书由武汉城市职业学院陈慧君和杭州贝腾科技有限公司潘津津担任主编，由杭州贝腾科技有限公司徐亚军、武汉城市职业学院陈建华、武汉职业技术学院王曦、襄阳汽车职业技术学院王平、武汉船舶职业技术学院王攀、武汉铁路职业技术学院李莉、湖北职业技术学院陈卫红、武汉软件工程职业学院赵苗、武汉城市职业学院李亚林担任副主编。具体分工如下：陈慧君负责大纲的编写和制定撰写体例和第2章，潘津津负责编写第4章，徐亚军负责编写第1章，陈建华负责编写第3章，王曦负责编写第5章，王平负责编写第6章，王攀负责编写第7章，李莉负责编写第8章，陈卫红负责编写第9章，赵苗负责编写第10章，李亚林负责编写第11章。全书由陈慧君和潘津津负责统稿、定稿。本书在编写过程中，结合贝腾《营销之道》营销模拟实训平台进行设计编辑，关于实训平台相关内容，详情可参考贝腾创业研究院 http：//www.monilab.com。此外还广泛查阅了近年国内外营销实训领域的研究成果，并参考借鉴了大量同仁的研究成果，在此一并向这些资料的作者表示深深的感谢。由于编写时间仓促，加之编者水平有限，书中不足之处难以避免，敬请广大读者批评指正，并提出宝贵意见，以便我们更好地修订和完善。

目 录

第1章 "营销之道"平台简介 ……………………………………………………（1）
  1.1 诠释"营销之道"模拟 …………………………………………………（1）
  1.2 系统简介 ………………………………………………………………（2）
  1.3 "营销之道"的主要功能 ………………………………………………（3）
  1.4 "营销之道"模拟实训内容与学时安排 ………………………………（9）

第2章 模拟企业环境 ……………………………………………………………（13）
  2.1 模拟企业简介 …………………………………………………………（13）
  2.2 企业组织结构 …………………………………………………………（14）

第3章 市场调研 …………………………………………………………………（26）
  3.1 相关理论知识 …………………………………………………………（26）
  3.2 实训 ……………………………………………………………………（35）

第4章 STP战略 …………………………………………………………………（39）
  4.1 相关理论知识 …………………………………………………………（39）
  4.2 实训——市场细分与目标市场的选择 ………………………………（54）

第5章 产品管理 …………………………………………………………………（57）
  5.1 相关理论知识 …………………………………………………………（57）
  5.2 实训 ……………………………………………………………………（73）

第6章 渠道管理 ································(85)
  6.1 相关理论知识 ································(85)
  6.2 实训——"营销之道"涉及的几种分销渠道选择 ················(93)

第7章 产品定价 ································(97)
  7.1 相关理论知识 ································(97)
  7.2 实训 ································(109)

第8章 广告管理 ································(114)
  8.1 相关理论知识 ································(114)
  8.2 实训——如何制定广告营销策略 ················(123)

第9章 促销管理 ································(129)
  9.1 相关理论知识 ································(129)
  9.2 实训——"营销之道"涉及的几种促销策略 ················(135)

第10章 营销分析工具 ································(140)
  10.1 相关理论知识 ································(140)
  10.2 实训 ································(145)

第11章 公司运营状况分析 ································(150)
  11.1 企业各个财务指标分析 ································(150)
  11.2 企业财务综合分析 ································(160)
  11.3 报表分析 ································(163)
  11.4 经营绩效分析 ································(163)
  11.5 产品报告 ································(167)
  11.6 销售报告 ································(167)

附录1 "营销之道"参数配置 ································(170)

附录2 "营销之道"数据规则 ································(175)

第1章
"营销之道"平台简介

◆ 学习目标
1. 了解"营销之道"营销管理技能综合实训平台。
2. 熟悉平台教师端和学生端数据规则。
3. 掌握平台基础操作流程。
4. 树立实训教学课时安排的实训教学观念。

1.1 诠释"营销之道"模拟

"营销之道"是营销管理技能综合训练平台,通过对企业营销管理的模拟,将企业运营中普遍应用的营销知识、工具、模型、方法与国内外成功企业的营销管理经验融入到模拟企业的经营管理中,使学生在模拟经营中快速掌握营销管理这一实践性极强的学科知识,并使复杂、抽象、枯燥的营销理论知识趣味化、生动化和形象化。

"营销之道"模拟实战系统采用国际领先的商业模拟实战训练模式,全程在分组对抗与模拟实战的环境下学习与训练营销管理技能。参训学生分组组建成相互竞争的团队,每个团队分别组建一家模拟企业,通过团队的运营管理,运用所学的营销管理知识技能,努力提升企业绩效,在若干个经营周期内实现企业的经营目标。

在"营销之道"中,不仅可以学习营销管理知识和基本的分析方法,包括市场需求分析、产品设计、渠道组建、广告投入、服务策略以及各个数据的因果关系，同时，通过对企业的营销管理，理解细分市场、促销策略、渠道管理等营销管理知识与技能，体会企业营销管理对企业业绩提升的重要作用。通过对所学营销管理知识与技能的理解与应用，透过经营绩效数据发现管理中存在的问题，改进管理工作，提升管理水平和经营绩效。"营销之道"将帮助你跳出单纯的销售视角，从企业运营与绩效提升的角度来认识营销管理的重要作用与价值。

1.2 系统简介

"营销之道"是一套极佳的营销能力训练与提升平台。通过全程模拟营销实战，系统运用计算机软件与网络技术，对宏观环境、行业特性、消费者特征及购买行为、市场竞争的仿真模拟，构建真实的市场，完整模拟企业的竞争与营销环境，让学生在实践中学习营销管理知识，在真实体验中提升营销管理技能。

相比传统教学方法，这种全新的商业模拟课程有效改变了枯燥的说教模式和空洞的讨论内容，学生在教师的指导下，通过亲自参与和实战演练，大大提升了学习效果，加深和巩固了对所学营销知识的理解与掌握。学生将分组组建企业，并担任企业的营销负责人，体验并运用市场营销环境分析、市场调研、市场需求分析、产品定位、市场细分、营销组合、营销计划执行与管理等营销理论，在市场竞争中努力战胜其他竞争对手，不断提升市场占有率，尽可能为公司创造效益。通过在实战中学习和运用各种营销工具，提升分析问题与解决问题的能力，提升学生的综合能力素质。图1-1为"营销之道"的主要内容。

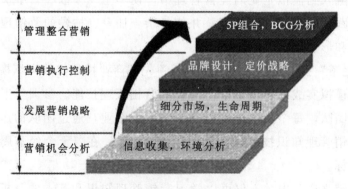

图1-1 "营销之道"的主要内容

1.3 "营销之道"的主要功能

1.3.1 "营销之道"系统的总体功能

随着宏观环境的发展变化，消费者需求也处在不断提高和变化的过程中，不同地区不同细分市场的消费者需求具有非常大的差异性。企业要针对不同的目标市场制定不同的市场营销策略组合，市场营销在企业的发展经营和竞争中所起的作用越来越重要。

真实的企业经营中，不允许总是不断地尝试，去犯各种各样的错误，有些决策失误甚至会给企业带来致命的打击。如何才能有效提升分析问题与解决问题的能力？"营销之道"帮助学生在模拟营销中体验企业的营销管理，不冒风险，轻松体验，不断尝试，完成企业营销管理中的分析决策，包括：制定企业营销战略，分析市场环境，选择目标市场、产品策略、定价策略、渠道策略、促销策略、国际市场营销策略、网络营销策略、服务营销策略等。通过逼真地再现商业环境和学生对模拟企业的亲自运营管理，帮助学生掌握在现实中可能碰到的各种营销问题的有效应对办法，在失败中吸取教训，在成功中领悟真谛。图 1-2 为"营销之道"的产品架构。

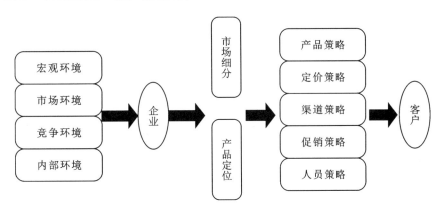

图 1-2 "营销之道"的产品架构

1.3.1.1 全程模拟营销实战

"营销之道"综合运用多种管理模拟技术，包括角色扮演、电脑模拟、竞争博弈、训练模拟等，通过国内领先的三维仿真模拟技术，真实模拟企业的运作管理，将企业各种营销活动融入到整个训练平台中，让参加训练的学生在模拟营销管理竞赛中体会并学习企业营销管理知识，熟悉企业的营销管理流程，努力提升企业经营绩效。

与传统教学不同的是，"营销之道"是一种全程模拟实战训练方法。在整个训练过程中，并没有一成不变的问题或标准答案，其核心是一套完善的模拟系统和全面、专业的营销学知识体系。参加训练的学生组成相互竞争的多家模拟企业，为完成营销目标，借助所掌握的理论知识，独立做出各种运营决策。通过若干经营周期的运营管理，最终争取在所有模拟企业中脱颖而出。通过不断分析与决策，结合教师的点评指导，帮助学生增强分析问题与解决问题的能力，提升学生的综合能力素质。

1.3.1.2　学生分工角色扮演

参加训练的所有学生分组组建模拟企业，每位学生分别担任企业的总经理、市场总监、国际业务总监、直销业务总监、渠道业务总监、财务总监等角色，并负责完成相应岗位角色的管理决策。

1.3.1.3　决策过程自动记录

学生完成的所有经营决策，系统会自动全程记录，学生和教师都可以非常方便地实时查询到以前做过的所有经营决策情况，以及每一个决策对企业现金及各方面数据的实时影响变化。

1.3.1.4　分析报表实时生成

学生在完成每一步决策操作后，能实时看到企业各项数据情况；完成每一个经营周期后，能实时看到企业的综合评分、市场报告、竞争分析、财务报表、竞争对手资料等各项图表数据。学生的主要精力将放在知识的综合理解与分析运用上，强化分析能力的训练与提升。

1.3.1.5　有效配合理论教学

本课程是一门综合性实践课程，帮助学生全面了解营销管理和企业经营管理的知识，涉及的知识面较广，学生在课程学习与训练过程中需要运用的理论知识包括管理学、企业战略管理、市场营销学、微观经济学、宏观经济学、运筹学、统计学、财务管理、消费者行为学、国际市场营销学、市场调查与预测、销售管理、品牌管理、推销与谈判技巧、市场营销策划、广告学、电子商务等。

1.3.2 "营销之道"教师端程序功能

"营销之道"系统包括服务器端程序、教师端程序、学生端程序三大部分。其中教师端程序由授课教师使用,通过数据实时交互的方式进行授课指导。教师端程序主要功能包括系统参数设置、任务进度控制、经营状况查询、综合分析报告、绩效对比分析等。大量信息数据帮助教师随时发现各小组经营的问题,便于教学引导与分析点评。

1.3.2.1 课程开课管理

对参加本课程的学生与小组信息进行配置管理。

1.3.2.2 系统参数配置

根据学生所在专业背景情况及授课目的的需要,对市场商业环境及模拟运营数据规则进行调整配置,使课程更好地适应授课或竞赛的需要。

1.3.2.3 任务进度控制

"营销之道"模拟了真实市场环境中企业的运作管理。为思考及决策方便,企业经营决策的进度由教师实时控制。只有教师发布了决策任务后,学生才能看到任务内容并进行决策录入。教师未发布的任务,学生不能随意操作或提前决策。教师可以根据时间进展情况方便地调整授课进度,也可以让学生在课后通过网络连接系统完成数据分析与决策录入工作。

1.3.2.4 公司经营状况

"营销之道"中的所有数据均统一存放在数据库服务器上,教师可以非常方便地实时获取所有模拟企业的经营状态与进展情况。所有学生和小组的联机状态、决策完成情况等均可以通过屏幕上的标识轻松识别。即使不在一个集中的场地集中授课,或参训学生小组非常多,教师也可以实时掌握全局,运筹帷幄。

1.3.2.5 学生状态控制

能实时看到所有参加训练学生的连接状态,并能根据需要断开已经连接的学生电脑。也能实时看到所有小组的连接状态和任务完成情况。所有小组的经营过程、经营状态、经营数据、经营绩效等资料均可以通过教师电脑实时查询，而无须到学生电脑上查询。

1.3.2.6　综合分析报告

教师通过主界面可以实时动态了解各小组的主要经营绩效与排名，包括企业的财务表现、经营绩效、产品报告、市场报告、销售报告。系统会自动实时生成各小组的对比分析图表，教师可以非常方便地对各小组经营的优劣情况进行分析点评。

1.3.2.7　数据查询分析

教师端程序集成了所有数据查询与分析功能，教师通过主界面可以实时动态了解各小组的主要经营绩效与排名，可以实时跟踪了解模拟企业的经营状态与数据变化。

1.3.2.8　综合对比点评

对于所有模拟企业的运营数据，教师端均会自动生成丰富全面的对比图表，便于教师分析点评，极大地方便了教师的授课讲解。

1.3.3　"营销之道"学生端程序功能

所有学生分成若干小组，组建模拟企业，分组模拟实战。各小组的所有经营决策全部在学生端程序完成。学生端程序为学生提供了录入决策、查询资料、分析绩效等功能。学生根据教师的进度安排，通过对本企业运营中各项市场营销进行管理决策，与其他小组展开竞争，并努力使企业绩效达到最佳。

1.3.3.1　竞争分析

对市场营销环境进行分析，学习SWOT分析、波士顿矩阵等工具的综合应用，分析细分市场，选定目标市场，制定细分市场战略。系统中可以根据市场分析模块来查看不同地区不同渠道的市场需求量和价格区间，由此来研发产品、开发市场和制定市场营销组合策略。

1.3.3.2 产品策略

研究开发有竞争力的产品,是企业获取市场竞争力的重要因素。系统中设置的模块包括新产品研发策略、产品投入产出分析、客户需求分析等。学生在训练中要学习如何根据用户需求来完善产品设计,如何根据竞争对手产品特性及市场表现改进企业的相关产品。系统中设置了不同的原料配置,可以根据不同的市场需求来研发不同品牌的产品。

1.3.3.3 价格策略

根据不同地区不同渠道的消费者特点来制定不同的价格策略,根据竞争对手的情况来调整价格等。学生通过对渠道部的销售策略中的定价,直销部的销售策略中的定价,国际部的销售策略中的定价,掌握不同渠道的定价特点,熟练运用价格策略。

1.3.3.4 渠道策略

系统中对分销渠道的设置,分为直销和渠道代理商销售。直销主要是通过卖场模块和专卖店模块,其中卖场模块包括促销人员的安排和卖场销售策略的制定。专卖店模块包括开设专卖店,对专卖店选址和装修的选择,以及专卖店的促销策略。

渠道经理商的管理包括对国内经销商和互联网的管理,学生要针对不同地区的经销商需求特点制定不同的定价和返利策略,互联网渠道模块要求学生根据竞争对手的情况来灵活调整定价。

总而言之,学生要根据市场需求来决定不同地区不同产品的渠道策略,重点需要掌握不同渠道的特点,熟练运用渠道策略。

1.3.3.5 促销策略

系统中对促销的设置包括人员推销、广告和营业推广。促销人员的安排主要是直销渠道的大卖场和专卖店,学生要制定有效的促销人员激励策略。系统中设置了多种不同广告途径,学生根据不同地区的情况和竞争对手的策略来制定不同时期的广告策略。营业推广的手段,系统中主要是直销渠道中的促销策略,包括赠送、买二送一、会员卡、抽奖等多种形式的促销方法。学习如何根据消费者的需求特点和竞争对手制定不同的促销策略,以达到最好的销售促进效果。

1.3.3.6 服务营销

学生需要正确理解和掌握服务营销的基本理念，将合适的服务策略运用到市场营销过程中，更好地提升顾客满意度和顾客忠诚度。学生在市场部模块选择适当的服务策略，不同时期、不同地区的消费者的需求不同，需要根据不同情况调整不同的服务策略，以达到最好营销效果。

1.3.3.7 网络营销

帮助学生理解网络营销的含义，掌握网络营销的特点。针对系统中的设置，学生首先需要决策设立互联网渠道的时间，然后制定互联网定价，选择互联网渠道的促销策略。

1.3.3.8 国际营销

随着企业的发展壮大，企业要进入国际市场，制定相关的国际市场营销策略。学生需要掌握国际市场营销的特点，针对国际市场的国际经销商市场需求数量和细分需求来制定国际市场营销组合策略。其中，重点决策国际市场开发时间和国际市场定价，注意系统中设置了国际市场营销中需要考虑的汇率问题。

1.3.3.9 生产制造

学生需要掌握如何根据市场预测来规划生产，如何合理配置厂房与生产设备，如何根据已经生产出来的产品对渠道进行配送。学生在制造部的决策主要是如何编排合适的生产计划，保证原料采购和最佳的设备产能，如何控制库存，有效降低制造成本。

1.3.3.10 财务管理

学习基本的财务报表知识，学习如何透过报表了解企业的经营绩效。了解常用的财务分析指标的含义，运用财务指标进行经营绩效分析，发现营销管理中的问题，改善经营管理。

1.3.3.11 团队协作

企业运营管理中如何充分发挥团队的作用，对实现企业战略、提升企业绩效有着重要的作用。学生在营销对战平台中需要运用的团队合作与沟通内容包括：了解不同岗位的分工与职责，分配组织职责和工作内容；实地学习如何与立场不同的其他部门沟通协调；培养不同部门人员的共同价值观与经营理念；建立以整体利益为导向的组织结构；评估团队成员的技能和工作风格；培养团队成员间的沟通技巧；提高领导力与执行力。

1.3.3.12 数据分析

在营销过程中或阶段营销结束后，学生可以实时看到公司营销的各类报表，帮助成员分析经营数据，发现问题，提升企业市场营销水平。可查询分析的营销数据主要包括以下三大类。

（1）营销报告。

营销报告主要包括产品报告、销售报告和市场报告。① 产品报告包括渠道库存报告、公司库存报告和产品设计报告，帮助学生更好地进行产品决策。② 销售报告包括波士顿矩阵分析，根据波士顿矩阵来分析产品销售状况、收入分析报告、产品分析报告、价格分析报告等，帮助学生更好地制定销售策略。③ 市场报告包括细分需求报告、品牌分析报告、广告效应报告、产品评价报告、价格评价报告、品牌评价报告、促销评价报告、渠道评价报告、广告评价报告等，帮助学生更好地制定品牌策略、广告策略、价格策略、促销策略等，更好地训练和提高学生的市场营销技能。

（2）财务报告。

财务报告主要包括资产负债表、利润表、财务方面的指标与分析数据，帮助学生更好地发现企业市场营销活动中的问题。

（3）管理报告。

管理报告主要包括企业经营绩效、综合表现报告、盈利表现报告、市场表现报告、成长表现报告等。通过管理报告可以更全面地了解公司的经营情况，并对最终经营绩效排名进行分析。

1.4 "营销之道"模拟实训内容与学时安排

企业营销管理实战模拟课程在"营销之道—营销管理电子对抗系统"平台上完成。在整个模拟实训过程中，参加训练的学生组成相互竞争的多家模拟企业，为完成经营目标，借助所掌握的理论知识，独立做出各种运营决策。通过若干经营周期的运营管理，最终实现企业的市场营销战略目标，并在所有企业中脱颖而出。学生通过不断分析与决策，结合教师的点评指导，增强分析问题与解决问题的能力，提升综合能力素质。

企业营销管理实战模拟课程可安排为 16～32 课时，模拟经营 8～12 个季度，具体根据实际情况而定。以下以经营 8 个季度共 24 课时为例，介绍整个课程的课时安排（见表 1-1）。

表 1-1 企业营销管理实战模拟课程

模拟进度	学习内容	学时数
准备阶段	开始模拟实训课程前的准备工作	2.0
	1. 系统介绍，规则介绍，商业背景环境介绍	
	2. 组建团队，职责分工，命名企业名称，团队述职	
熟悉操作	熟悉整个系统的操作使用	2.0
	1. 查看系统中的演示数据，分析其他团队的做法	
	2. 模拟运营 1～2 个周期，熟悉所有操作	
	3. 就使用中的疑问进行答疑交流	
第一季度	完成第一季度模拟企业运营管理	2.0
	1. 知识讲解：认识企业，组织架构与分工	
	2. 模拟实训：第一季度运营管理	
	3. 小组讨论：第一季度运营绩效	
	4. 互动点评：第一季度运营得失	
第二季度	完成第二季度模拟企业运营管理	2.0
	1. 知识讲解：SWOT 分析，市场细分，目标市场选择	
	2. 模拟实训：第二季度运营管理	
	3. 小组讨论：第二季度运营绩效	
	4. 互动点评：第二季度运营得失	
第三季度	完成第三季度模拟企业运营管理	2.0
	1. 知识讲解：营销策略组合	
	2. 模拟实训：第三季度运营管理	
	3. 小组讨论：第三季度运营绩效	
	4. 互动点评：第三季度运营得失	
第四季度	完成第四季度模拟企业运营管理	2.0
	1. 知识讲解：国际市场营销，互联网营销，服务营销	
	2. 模拟实训：第四季度运营管理	
	3. 小组讨论：第四季度运营绩效	
	4. 互动点评：第四季度运营得失	

续表

模拟进度	学习内容	学时数
第一阶段	第一阶段模拟运营总结 1. 各企业总经理述职 2. 第一阶段企业经营得失总结 3. 小组互评与教师点评	2.0
第五季度	完成第五季度模拟企业运营管理 1. 知识讲解：波士顿矩阵分析，产品生命周期 2. 模拟实训：第五季度运营管理 3. 小组讨论：第五季度运营绩效 4. 互动点评：第五季度运营得失	2.0
第六季度	完成第六季度模拟企业运营管理 1. 知识讲解：品牌策略 2. 模拟实训：第六季度运营管理 3. 小组讨论：第六季度运营绩效 4. 互动点评：第六季度运营得失	2.0
第七季度	完成第七季度模拟企业运营管理 1. 知识讲解：全面预算管理，财务分析 2. 模拟实训：第七季度运营管理 3. 小组讨论：第七季度运营绩效 4. 互动点评：第七季度运营得失	2.0
第八季度	完成第八季度模拟企业运营管理 1. 知识讲解：团队沟通与协作，授权，执行力 2. 模拟实训：第八季度运营管理 3. 小组讨论：第八季度运营绩效 4. 互动点评：第八季度运营得失	2.0
实训总结	完成整个实训课程的总结 1. 小组总结：自评与互评整个实训过程的得失情况 2. 教师总结：最终小组经营成绩及各组综合表现 3. 课程总结：对理论与实践结合应用的总结	2.0
合计		24.0

本章小结

通过本章的学习，了解"营销之道"软件的基本操作和主要功能，从教师端和学生端的界面登录和使用能够清楚了解各个数据的基本逻辑关系，同时对实训课的内容和学时要求做了系统的计划和安排，有效解决实践教学中理实一体的教学方式。

2014年"学创杯"回顾

第 2 章
模拟企业环境

◆ **学习目标**

1. 了解模拟企业经营背景和企业组织结构。
2. 学会分配角色，熟悉并了解各个职能部门的工作内容。
3. 熟悉软件的每个场景的功能，经营类的相关操作，包括所有部门的决策。
4. 学会如何设立总部所在地，企业命名，制定公司目标等。

在模拟实战之前，你一定很想了解你将运营的是一个怎样的企业，你在企业中担当什么样的职位，负有怎样的责任，企业所属行业及企业的内外部环境等情况。本章对这些问题进行说明，对模拟企业的基本情况做简要介绍。

2.1 模拟企业简介

"营销之道"提供一个模拟的市场环境，参加训练的所有学生分组组成多家模拟企业，并在一个共同的环境下相互对抗竞争。

在经营前，你的企业将拥有一笔经营资金，开始惊险、刺激的商战之旅，打造自己的商业王国。你和你的团队管理的企业是个有机整体，总体结构很容易理解，但运作中有许多微妙之处。经营团队应合理设计组织架构并分配各自的管理职责。首先，你需要制定重要的战略规划和经营目标。你必须在运营过程中，设法使你的企业具备最佳前景，实现战略计划，努力达成经营目标。在训练结束时，争取使企业在所有企业中表现最佳。

你将带领你的企业进入制造行业，与其他一些竞争企业共同竞争发展，企业将经历若干经营周期的运营管理。在每个经营周期，企业都需要完成财务预算、资金筹措、投资决策、报表分析、生产制造、市场营销等各项经营管理工作，每项工作都需要仔细分析讨论，并形成一致的决策意见输入到系统中。

模拟系统中涉及的企业经营决策任务包括财务、市场、制造、人力资源等各个方面。企业应根据市场环境的设定，结合所学知识，并根据竞争对手的情况制定最佳经营策略，争取在经营结束后取得最佳成绩。

如何整合各项资源？如何实现业绩增长？如何打造优势竞争力？如何给股东带来丰厚的投资回报？这些都是你所领导的经营团队需要共同努力来解决的。

（1）"营销之道"模拟的是一家以市场营销工作为重心的简单加工企业，每家企业初始时只有系统给予的600000元起始现金。

（2）企业在经营过程中融资（贷款和贴现）时需要进入财务部进行操作。企业可以根据经营状况申请借款。企业申请的借款余额不能大于总的授信额度或本期授信额度。当企业资金出现问题时可进行贴现。

（3）经营团队可以根据系统中公开的各类数据规则、市场信息开始自己企业的经营，系统以"季度"为时间周期。

（4）"营销之道"模拟行业有三种类型——手机（模板）、玩具、饮料，你可以选择其中的一种行业进行模拟经营。

2.2 企业组织结构

（1）总经理（CEO）。

企业所有的重要决策都是由总经理带领公司团队共同决定，在大家意见不一致的情况下，由总经理决定。

（2）直销总监（CDO）。

直销总监负责整个销售部门，其工作主要包括调研和考察市场、督促销售专员的工作、销售计划的制订、定期的销售总结、销售团队的管理、每月每位销售专员的绩效考核的评定、上下级的沟通、制定不定期的促销优惠活动、销售专员的培训、展会的工作分配以及协助生产工厂研发新产品等。

（3）技术总监（CTO）。

技术总监负责企业的技术管理体系的建设和维护。制定技术标准和相关流程，能够带领和激励自己的团队完成公司赋予的任务，实现企业的技术管理和支撑目标，为企业创造价值。CTO在"营销之道"中的主要职责是，负责新产品的设计及研发。

（4）市场总监（CMO）。

市场总监是企业中负责市场运营工作的高级管理人员，在部分企业中又称作市场部经理、营销总监。CMO的主要职责包括：把握市场机会，制订市场营销战略和实施计划，完成企业的营销目标；协调企业内外部关系，对企业市场营销战略计划的执行进行监督和控制；负责企业营销组织建设与激励工作。

（5）生产总监（CPO）。

生产总监参与制定公司发展战略与年度经营计划，主持制定、调整年度生产计划及预算；计划并指导与生产、工厂管理、原材料供应及质量相关的工作，完成公司既定的工作目标；组织落实、监督调控生产过程各项工艺、质量、设备、成本、产量指标等；随时掌握生产过程中的质量状态，协调各部门之间的沟通与合作，及时解决生产中出现的问题。在"营销之道"中主要负责产品生产和产品配送。

（6）财务总监（CFO）。

CFO的一项重要职责，就是将公司的经营情况和财务结算报告传达给投资人，让投资人了解公司的实际运作情况。因此，CFO也是公司与投资人沟通的一个"传声筒"。CFO负责财务、会计、投资、融资、投资关系和法律等事务。公司的财务部门、会计部门、信息服务部门都归CFO管理。除了负责公司与投资人的公共关系外，CFO要保证公司在发展过程中拥有足够的现金，要保证有足够的办公和生产经营空间，其可以通过银行贷款，也可以在股市筹钱。此外，公司自身的投资事务和复杂的法律事务，也都由CFO来统筹管理。

（7）渠道总监（CCO）。

渠道总监负责互联网市场开发、销售策略制定，以及国内经销商开发、销售策略制定。

（8）国际总监（CIO）。

国际总监负责国外市场推广、新客户开发、渠道建设。

2.2.1 公司

公司（见图2-1）内部各个部门，都有对应决策项目和分析报告。

图 2-1　公司

2.2.2　总经理

首先要由总经理进行设定公司总部（见图 2-2）的操作。

图 2-2　设定公司总部

总经理主要查看公司所有经营状况、各类分析报表以及最终成绩排名。

2.2.3　财务部

财务部（见图 2-3）负责公司资金筹划，为公司日常生产经营的正常进行提供资金支持。

贷款：向银行申请新贷款。

贴现：对尚未到期的贷款可以提前进行贴现。相关财务指标也可以在这里查询，包括基本费用、应收账款、应付账款和银行借款。

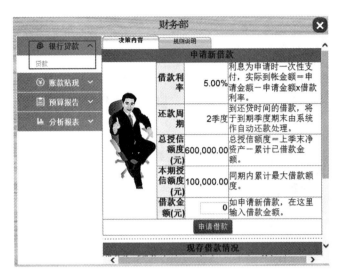

图 2-3　财务部

2.2.4　研发部

研发部负责公司新产品的研究与开发工作。点击"研发部",弹出窗口会显示研发部需要完成的决策任务以及相关操作。

2.2.4.1　产品设计

根据消费者需求分析的情况及公司发展战略设计需要生产的产品(见图 2-4),产品名称由公司自己取名,并确定产品原料配置清单及计划针对的消费群体。设计好后点击"保存"。

图 2-4　产品设计

2.2.4.2 产品研发

不同设计的产品根据复杂程度,其需要投入的产品研发时间(见图 2-5)也不相同。点击"决策内容－产品研发",根据窗口提示完成已设计好的产品的研发投入。

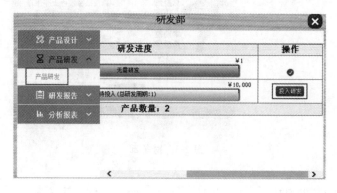

图 2-5 产品研发

2.2.5 制造部

制造部负责公司产品的生产制造工作,包括固定资产、产品生产、产品配送。

2.2.5.1 固定资产

根据公司对市场需求的预测,制订生产计划,采购固定资产(见图 2-6)。

图 2-6 固定资产

2.2.5.2 产品生产

选择不同的设备，生产不同的产品。系统会显示产品生产（见图 2-7）的所有制造成本。

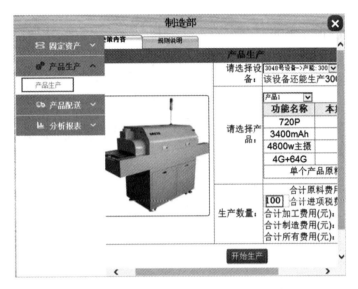

图 2-7 产品生产

2.2.5.3 产品配送

根据不同的渠道需求和市场开发情况，选择不同的市场进行产品配送（见图 2-8）。

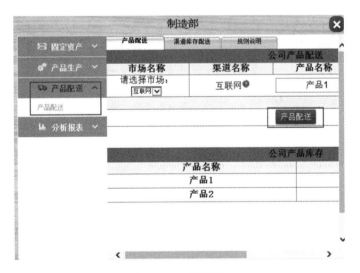

图 2-8 产品配送

2.2.6 市场部

市场部负责公司市场整体推广工作，包括区域市场的开发、产品在市场上的广告宣传投入以及服务策略的制定。

2.2.6.1 市场开发

建设互联网渠道（见图2-9）需要投入费用。

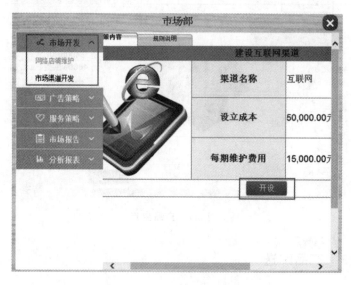

图2-9　建设互联网渠道

根据公司战略，选择相关的市场投入费用进行市场开发（见图2-10）。

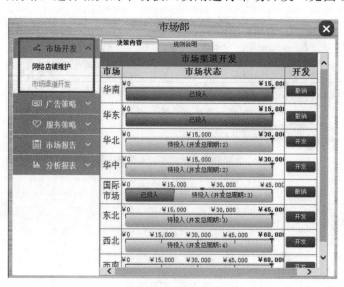

图2-10　市场渠道开发

2.2.6.2 广告投入

针对公司的产品制订本季度的广告宣传计划（见图 2-11）。

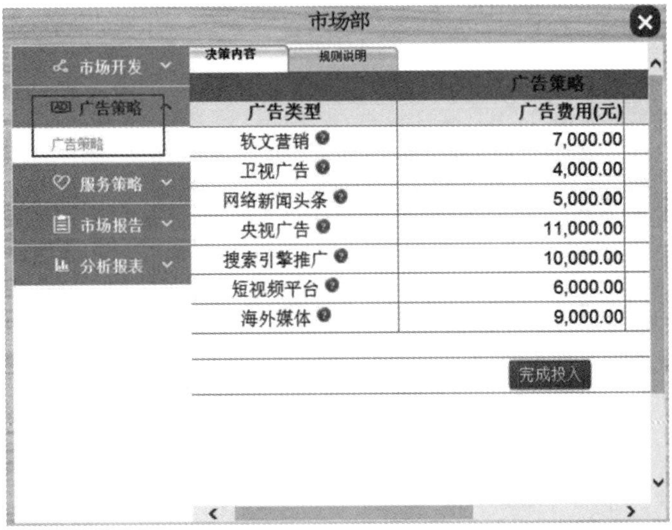

图 2-11　广告策略

2.2.6.3 服务策略

针对公司的产品制定本季度的服务策略（见图 2-12）。

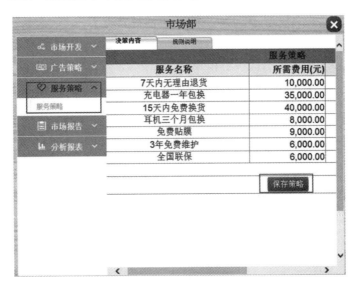

图 2-12　服务策略

2.2.7 渠道部

渠道部负责互联网与国内经销商的渠道销售，包括互联网、国内经销商报价，专卖店销售，以及卖场销售。

2.2.7.1 互联网、国内经销商报价

互联网报价：进行互联网的产品定价，并选择下拉列表中的促销策略。

国内经销商报价：包括制定开发的国内各个市场的定价和促销策略（见图 2-13）。

图 2-13　制定促销策略

2.2.7.2 专卖店销售

开设新的专卖店需要选择市场和开设的地段以及安排的促销人员（见图 2-14）。

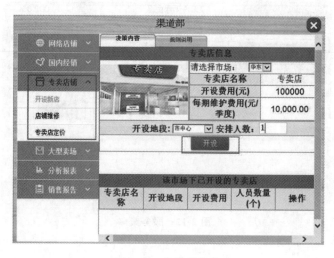

图 2-14　专卖店信息

专卖店要进行店铺装修（见图 2-15）和制定销售策略（见图 2-16）。其中店铺装修要选择不同的专卖店、不同的装修档次。然后针对不同市场的专卖店制定销售策略。

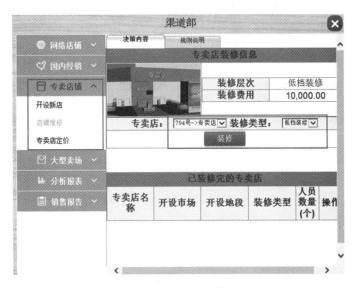

图 2-15 店铺装修

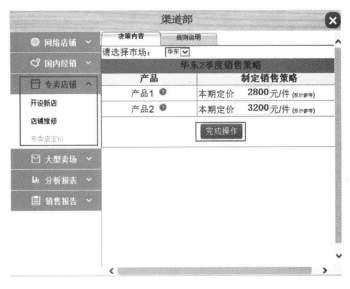

图 2-16 制定销售策略

2.2.7.3 卖场销售

卖场销售包括促销人员（见图 2-17）和销售策略（见图 2-18）。促销人员需要决策不同市场的促销人员数量。销售策略则包括市场的定价、返利点和促销策略的制定。

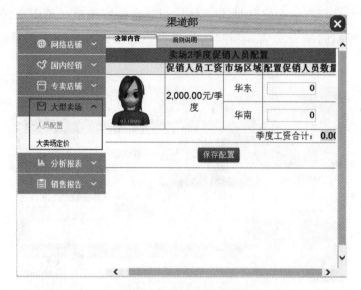

图 2-17　促销人员

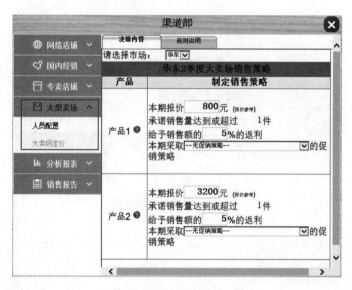

图 2-18　销售策略

2.2.8　国际部

国际部主要负责国际市场营销，国际市场报价，注意每一季度的汇率变化（见图 2-19）。

在完成本季度所有经营决策后，教师端在任务进度控制菜单下点击"进入下一季度"，即完成当前季度工作。各小组可以查看上季度经营状况，交付上季度获取的订单，收回货款，盘点库存，对本季度经营管理进行分析决策。

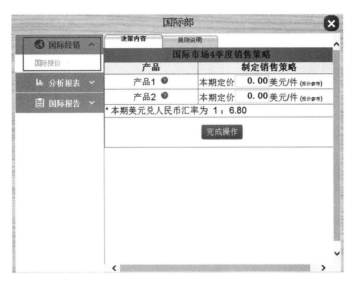

图 2-19 国际报价

本章小结

通过本章的学习,了解模拟企业的背景和各个部门的组织架构,学习不同部门之间的逻辑关系和要求完成的决策内容,可以使学生熟悉真实社会中制造型企业的真实部门分工和岗位职责,使学生提前了解开办企业所要掌握的每个部门开展业务的真实过程。

2015"学创杯"全国赛照片

第 3 章 市场调研

◆ 学习目标
1. 了解市场调研的含义和方法。
2. 学会市场调研报告的编写。
3. 认识市场调研对市场营销的作用。

3.1 相关理论知识

3.1.1 市场调研的含义

市场调研有狭义和广义之分。狭义的市场调研是指以科学的方法和手段收集消费者对商品的购买情况,包括对商品的购买和购买动机等活动的调查。广义的市场调研是指企业为了达到特定的经营目标,运用科学的方法,通过各种途径、手段去收集、整理、分析有关市场营销方面的情报资料,从而掌握市场的现状及其发展趋势,以便对企业经营方面的问题提出方案或建议,供企业决策人员进行科学决策时作为参考的一种活动。广义的市场调研将调查范围从消费和流通领域扩展到生产领域,包括生产前的调研、生产中的调研、生产后的调研和售后调研。

3.1.2 市场调研的内容

市场调研的内容非常广泛,只要是能直接或间接地影响企业营销活动的信息资料，都应该进行收集，并加以研究。由于市场变化的因素很多，一般来说，凡属影响市场变化的各种主要因素都应调研。按市场调研的内容来划分，可将其分为以下几个类别。

3.1.2.1 宏观经济调研

企业是社会经济的一个细胞，是整个国民经济建设有机整体的一部分。对产品的品种、规格、质量和数量等方面的要求，是受整个社会总需求制约的，而社会总需求的动态是与国家经济建设的方针、政策直接有关的。因此，任何企业的经营管理都必须适应国家经济形势的发展，都必须严格遵守政府的方针、政策和法令。只有在这个大前提下，企业才能自主经营。所以，首先必须对宏观经济进行调研，即调研整个国家经济环境的变化对企业产品的影响。调研的具体内容有工农业总产值、国民收入、积累与消费的比例、发展速度、基建规模、基建投资、社会商品零售总额、人口增长、就业率、主要产品产量等。

调研这些内容有以下目的：

（1）判断和确定企业的服务方向；

（2）通过调研主要产品产量，按相关比例测算对本企业产品的需要量。

3.1.2.2 自然因素和政治法律因素调研

自然因素调研是对自然资源的储量及开发利用情况、自然环境的情况、各国政府对自然环境的管理和利用等方面进行的调研活动。

政治法律因素调研是对一定时期内本国的政治形势、政府的有关方针政策、法律法规，东道国的政治形势、法律法规，以及国际政治形势、法律法规进行的调研活动。

3.1.2.3 科学技术发展动态调研

科学技术发展动态调研主要是调研与本企业生产的产品有关的科技现状和发展趋势。具体内容有：世界科学技术现状和发展趋势，国内同行业科学技术状况和发展趋势，本企业所需的设备、原材料的生产和科技状况及发展趋势。进行科学技术发展动态调研的目的主要有：

（1）掌握同行业的科技动态以确定本企业的科研方向；

（2）正确地进行产品决策，以确定生产什么样的新产品，什么质量水平的产品。

3.1.2.4 用户需求调研

用户需求调研,就是要了解用户和熟悉用户,掌握用户需求的变化规律,千方百计地去满足用户需求。

(1) 对用户的特点进行调研。

例如,本企业产品的用户是谁?是生产性用户,还是非生产性用户?是城市用户,还是农村用户?是国内用户,还是国外用户?谁又是最主要的用户?用户的特点不同,其需求也不同,要按照用户的不同特点满足其需求。

(2) 对影响用户需求的各种因素进行调研。

如调研用户的购买力的高低。用户购买力分为组织购买力和个人购买力。组织购买力受国家财政经济状况及税收政策的影响。个人购买力主要取决于劳动者个人和家庭经济收入。又如调研社会风俗、文化水平、民族特点对用户的需求有何影响?用户购买动机如何?想购买什么样的产品?

(3) 对用户的现实需求和潜在需求进行调研。

所谓现实需求,就是用户已意识到有能力购买,也准备购买客观存在的某种产品的需求。用户的现实需求,既包括对本企业已有的新老产品的需求,也包括本企业没有生产而市场已有的产品的需求。

调研用户现实需求的目的:一是了解市场容量的大小,即各种用户吸收容纳某种产品的能力有多大;二是确定本企业的生产条件是否有能力满足用户需求,以及满足的程度如何。

所谓潜在需求,就是用户自己还没有意识到,但客观上"将来时代"有对某种产品的需求;或者用户已意识到,由于种种原因,还不能即时产生购买行为的对某种产品的需求。生产经营者把握住"潜在的市场需求",特别是将来成为"时代需求"的产品开发,这对企业发展是非常重要的。

调研用户潜在需求的目的:一是确定企业开发新产品的方向;二是使用户的潜在需求及早转变为现实需求。

3.1.2.5 产品营销调研

企业经营,只有把产品顺利地销售出去,商品的价值才能得以实现,才能获取一定的盈利,才能有足够的资金重新购置生产资料进行再生产。因此,对产品的营销调研,实际上就是对产品的销路、产品的价值能否实现的调研,这对企业是至关重要的。产品营销调研内容主要包括以下四点。

(1) 企业所生产的各种产品，在一定的销售区域内是独家产品还是多家产品？用户对本企业产品是否满意？若不满意，其原因是什么？本企业的产品在市场上是畅销还是滞销？原因是什么？

(2) 企业的各种产品处于产品生命周期的哪一个阶段？有哪些产品的销售处于成长发展期？有哪些产品的销售处于成熟的旺销时期？有哪些产品的销售在市场上已处于饱和状态？有哪些产品的销售已处于衰退期？

(3) 企业各种产品的价格在市场上有无竞争力？用户对价格有何反应？市场价格的现状对哪些产品有利？对哪些产品不利？产品的价格波动幅度有多大？其发展趋势如何？

(4) 企业的销售力量是否适应需要？现有的销售渠道是否合理？如何扩大销售渠道，减少中间环节？如何正确地选择广告媒介？广告效果如何？销售产品的市场营销组合策略是否妥当？效果如何？

3.1.2.6　竞争对手调研

企业的竞争场所是市场，产品的销售量是企业竞争的"晴雨表"，只有通过市场调研才能掌握竞争的情况。

(1) 在全国或某个地区有哪些同类型企业，企业实力如何？所谓企业实力，是指企业满足市场需求的能力，包括生产能力、技术能力和销售能力等。这些企业当中，谁是最主要的竞争者？谁是潜在的竞争者？

(2) 主要竞争者的产品市场分布如何？市场占有率多大？对本企业的产品销售有何影响？所谓市场占有率，就是指本企业的某种产品在市场上销售的同类产品中所占的比率。市场占有率反映一个企业的竞争能力和经营成果。

(3) 主要竞争者采取了哪些营销组合策略？这些营销组合策略发生作用后对企业的生产经营产生何等程度的影响？

3.1.3　市场调研的基本方法

3.1.3.1　询问法

该方法是由调研者先拟定调研提纲，然后以当面、电话和书面等不同形式向被调研者提出问题，以获得所需要的调研资料的调研方法。这是最常用的一种调研方法，也是一种特殊的人际关系或现代公共关系。在这一方法中，调研人员必须明确其不仅要收集到调研所需要的资料，还应该在调研过程中给调研对象留下良好的印象，树立公司的产品品牌形象。从向被调研者询问的方法来看，有面谈访问调研法、电话调研法、邮寄问卷调研法和留置问卷调研法。

（1）面谈访问调研法。

采用面谈访问调研法时，可以一个人面谈，也可以几个人集体面谈；可以一次面谈，也可以多次面谈。通过这种方法能直接与被调研者见面而听取意见并观察其反应；这种方法的灵活性较大，可以一般地谈，也可以深入详细地谈，并能互相启发，得到的资料也比较真实。

面谈访问调研法的优点如下。

① 调研有深度。调研者可以提出许多不宜在人多的场合讨论的问题，深入了解被调研者的状况、意愿或行为。

② 直接性强。由于是面对面交流，调研者可以采用一些方法来激发被调研者的兴趣，如图片、表格、产品演示等等。

③ 灵活性强。调研者可以根据情况灵活掌握提问题的次序，随时解释被调研者提出的疑问。

④ 准确性强。调研者可充分解释问题，把问题的不回答程度及答复误差减少到最低，同时可根据被调研者回答问题的态度，判别资料的真实可信程度。

⑤ 拒访率较低。这是面谈访问调研法的最大优点。通过面谈访问，被调研者一般不会拒绝回答问题。遇到拒绝回答时，也可通过访谈技巧得到问题的回答。

当然，面谈访问调研法也有其缺点：调研成本高、时间长；对调研人员的素质要求较高，使得调研成本加大；调研质量容易受到气候、调研时间、被访者情绪等其他因素的干扰。

（2）电话调研法。

电话调研法是由调研人员根据抽样的要求，在样本范围内，用电话向被调研者提出询问，听取意见。采用这种方法收集资料快，成本低，并能以统一格式进行询问，所得资料便于统一处理。但是这种方法有一定的局限性和缺点，它只能对有电话的用户进行询问，不易取得与被调研者的合作，不能询问较为复杂的问题，调研不够深入；而且电话交谈时间短促，很难全面提问；人们也不一定愿意与询问者探讨有关个人的问题；使用该方法还可能受到询问者个人偏见的影响——询问者的说话方式，如何提出问题及其他会影响应答者的回答的因素；有的被调研者甚至拒绝电话调研这种方式。

（3）邮寄问卷调研法。

邮寄问卷调研法又称通信问卷调研法，就是将预先设计好的询问表格邮寄给被调研对象，请他们按表格要求填写后寄回。这种方式调研范围较广，被调研者有充裕的时间来考虑、回答问题，不受调研人的影响，收集意见、情况较为真实。但问卷的回收率较低，时间往往拖延较长，被调研者有可能误解问卷的含义，影响调研结果。

（4）留置问卷调研法。

留置问卷调研法就是由调研人员将问卷当面交给被调研人，并说明回答要求，留给被调研者自行填写，然后由调研人员定期收回。这种方法的优缺点介于面谈访问调研法和邮寄问卷调研法之间。

3.1.3.2 观察法

调研者到现场观察被调研者的行动以收集资料。也可以安装仪器进行录音和拍摄（如使用照相机、摄影机、录音机等）。观察的方式有：到顾客购买现场观察，到产品使用单位的使用现场观察。这种方法能客观地获得准确性较高的第一手资料，但调研面较窄，花费时间较长。

观察法一般有以下几种类型。

（1）直接观察法，就是在现场凭借自己的眼睛观察市场行为的方法。具体包括如下方式。

① 顾客观察法，是指在各种市场中以局外人的方式秘密注意、跟踪和记录顾客的行踪以取得调研资料的方法。

② 环境观察法，是指以普通顾客的身份对调研对象的所有环境因素进行观察以获取调研资料的方法。有时也叫"伪装购物法"或"神秘购物法"。

（2）间接观察法，就是通过对现场遗留下来的实物或痕迹进行观察以了解或推断过去市场的行为。

（3）亲身经历法，就是通过调研人员亲自参与某种活动来收集有关信息。

（4）行为记录法，就是通过使用仪器设备来收集有关信息。

3.1.3.3 实验法

某种产品在大批量生产之前，先生产一小批，向市场投放，进行销售试验，观察和收集用户有关方面的反应来获得情报资料。也就是在特定地区、特定时间，向市场投放一部分产品进行试销，故也称"实验市场"。实验的目的在于：

① 看本企业生产的产品质量、品种、规格、外观是否受欢迎；

② 了解产品的价格是否被用户所接受。

目前常采用的产品展销会、新产品试销门市部等都属于实验法。

此外，市场调研方法，按其调研的范围和调研统计的形式，还可分为全面调研、非全面调研、重点调研和抽样调研。

全面调研，又称普查，就是对调研对象所包括的全部单位，都要毫无遗漏地进行调研统计。很显然，这种调研的好处，就是能够收集到比较全面、细致、精确的资料。但缺点是工作量大，花费的人力、物力、财力多，时间过长。

非全面调研，就是在对调研对象的一部分进行调研。这种调研方法，可以节省人力、物力、财力和时间。非全面调研又有以下两种。

重点调研，就是在对被调研对象进行全面分析的基础上，有目的、有计划地选择几个具有代表性的典型单位，做系统的、周密的调研。对市场的典型调研来说，就是通过对具有代表性的用户或地区的调研，以达到对全部用户需求的基本认识，了解市场的大体趋势。这种典型调研的好处是：调研的单位少，情况可以摸得准，情报汇总得快，节省人力、物力和财力。它适用于专业生产比较强，能比较准确掌握供应面，产品供应比较稳定的企业。

抽样调研，就是从被调研对象的总体中，抽取一部分样本单位进行调研，用以推算总体。它适用于一些使用量大、涉及面广的产品。

3.1.4 市场调研的程序

市场调研是指针对企业生产、经营中所要解决的问题而进行的调查研究活动。因此，调研活动必须具有很强的目的性，在目标确定以后，需要按照一定的程序来进行。从准备到方案的制定，直至最后的实施和完成，每一阶段都有其特定的工作内容来保证调研工作的有序进行，减少盲目性。

市场调研的程序大致可分为调研准备阶段、计划实施阶段和提出调研报告阶段。

3.1.4.1 调研准备阶段

调研准备阶段又可分为确定调研问题和调研目标以及制订市场调研计划等阶段。

（1）确定调研问题和调研目标。

要想搞好市场调研工作，必须针对本企业的实际情况确定好调研问题和调研目标。如果选题发生错误，整个调研工作将前功尽弃，导致失败。因此，在调研前，要在综合分析的基础上，确定好调研问题。在确定调研问题的时候，调研问题的界定不能太空泛，避免造成调研问题不明确、不具体的现象。调研问题要根据调研目标来确定，比如调研的目的是了解产品销售下降的原因，经过初步分析认为可能是产品质量有问题,就可把调研产品质量问题确定为调研问题。

(2) 制订市场调研计划。

在市场调研开始之前必须拟好调研计划。计划要具体、明确。调研计划包括:

① 确定资料来源;

② 确定调研方法;

③ 确定调研对象,即向哪些单位或个人调研;

④ 选择调研和收集资料的方法,按不同的调研内容选择不同的调研方法;

⑤ 明确调研日期,特别是完成日期;

⑥ 做出调研费用预算及规定调研进度安排。

3.1.4.2 计划实施阶段

市场调研计划批准后,市场调研就进入调研计划的实施阶段。

(1) 组织安排好调研力量。

目前,我国的市场调研力量一般还是由本调研单位自己组织人员调研。在有条件的地方,可委托专门的市场调研公司进行调研。

(2) 设计问卷。

问卷是整个调研工作的一项重要工具。问卷设计得好坏,直接影响调研效果。设计要既具有科学性又具有艺术性。调研表的提问要避免抽象,尽可能具体,文字要简练,要通俗易懂等。

(3) 现场实地调研。

现场实地调研即现场收集资料。现场实地调研要把调研人员分好工,并掌握调研进度,保证调研质量。

(4) 收集各种资料。

市场调研需要的各种资料,可分为原始资料和现成资料两大类。原始资料是从实地调研中所得到的第一手资料;现成资料是从他人或其他单位取得的、已经积累起来的第二手资料。现成资料节省时间和经费,应尽量采用,资料不足时可经实地调研获取原始资料来补充。

① 现成资料的收集。现成资料来源于内部资料和外部资料。内部资料是企业内部的市场信息系统经常收集和记录的资料,如客户订单、销售资料、销售损益、库存情况、产品成本等;外部资料是从统计资料、行业资料、市场调研机构资料、科研情报机构资料、金融机构资料等获得的资料。

② 原始资料的调研。获取原始资料的方法有询问法、观察法、实验法、统计调研法等。每种方法都有自己的优缺点和适用范围，企业可根据自己的情况进行选择。

3.1.4.3 提出调研报告阶段

（1）编辑整理。

在调研信息资料的编辑整理过程中，要检查调研资料的误差。产生误差常常是不可避免的，其原因一般有两种。

① 抽样误差。由于抽样调研是用结果推算全体，因此推算结果与全体必然有一定误差，所以必须加以测定。

② 非统计抽样误差。例如，统计计算错误，调研表内容设计不当，谈话记录不完整，访问人员的偏见，被调研人员回答不认真或前后矛盾等。错误资料必须剔除。在调研过程中，调研人员要尽可能将非统计抽样误差降至最低。

要对信息资料进行评定，即审核其根据是否充分，推理是否严谨，阐述是否全面，观点是否成熟，以保证信息资料的真实与准确。

（2）分类。

为了便于查找、归档、统计和分析，必须将经过编辑整理的资料采用计算机处理，分类编号尤为重要。

（3）统计。

将已经分类的资料进行统计计算，以便利用和分析。

（4）分析。

运用调研所得出的有用数据和资料，分析情况并得出结论。

（5）调研报告。

将调研所得出的结果编写成调研报告并提供给有关部门或领导，以供其做决策时参考。

编写调研报告要突出调研主题，调研内容要客观、扼要、有重点；方案要简洁易懂；报告结构要合理、严谨，给人以完整的印象。

编写调研报告一般包含的内容有：调研的目的和范围；调研所采用的方法；调研的结果；提出的建议；必要的附件。

调研报告一般由以下部分组成。

① 引言。包括标题和前言。

② 正文。这是调研报告的主体，包括调研结果的描述和分析、提出的结论和建议等。

③ 结尾。这是调研报告的结束部分。包括样本误差的说明、对调研报告前言的照应等。

④ 附件。包括所有与研究结果有关但不宜放在正文中的资料,如图表、附录、问卷、抽样设计的详细说明、决定样本大小的统计方法等。

3.2 实 训

3.2.1 实训1——市场信息查询

3.2.1.1 实验目标

(1) 培养学生信息获取、识别的能力。

(2) 培养学生信息分析的能力,为下一步市场决策做准备。

3.2.1.2 实验内容及步骤

(1) 实验内容。

① 对"宏观社会信息"进行调研分析,从整体上了解社会市场环境。

② 对"行业动态信息"进行调研分析,了解市场消费者行为、市场规模及发展趋势等。

③ 对"竞争对手"进行调研分析,了解竞争对手的经营状况。

(2) 实验步骤。

步骤一:点击市场部,进入市场部页面,再点击市场报告,选择产业新闻进行调研。此环节主要是帮助各公司在模拟经营过程中时刻关注行业的宏观环境情况、发展趋势、特征及存在的主要问题等。

步骤二:点击市场部,进入市场部页面,再点击市场报告,选择消费者购买使用进行调查。本实训平台设置了华北、东北、西北、华南、华中、华东、西南、国际市场和互联网等九个区域市场;设置了专卖店、大卖场和经销商等三种渠道;设置了实用型、商务型、科技型和时尚型等四类消费群体。

各模拟公司在进行产品研发、定价等决策时,首先必须预估在季度、市场、渠道、消费者等四类因素综合影响下的市场需求量和增长率、消费者最高预算价格与增长率等。

温馨提示

有关市场需求量和增长率、消费者最高预算价格与增长率的预估，还可通过以下方式来实现。

① 市场需求量和增长率调查。进入主场景之后，点击右下角的问号，在商业背景环境中点击市场需求，根据决策需要查看各市场（华北、东北、西北、华南、华中、华东、西南、国际市场、互联网等九个区域市场，下同）、各渠道（专卖店、大卖场、经销商，下同）、各类消费群体（实用型、商务型、科技型、时尚型，下同）、各个季度（1~8季度，下同）预估的市场需求量和增长率。

（2）消费者最高预算价格与增长率调查。进入主场景之后，点击右下角的问号，在商业背景环境中点击市场需求，根据决策需要查看各市场、各渠道、各类消费群体、各个季度预估的消费者最高预算价格与增长率。

步骤三：点击市场部，进入市场部页面，再点击市场报告，选择消费行为进行调查。每个公司在所处行业（以手机为例）大都需要面对时尚型、科技型、商务型和实用型4类需求各异的消费群体，这是企业在产品设计、研发决策中要特别关注的方面。

步骤四：点击市场部，进入市场部页面，再点击市场报告，选择竞争对手广告投放进行调查。竞争分析是现有产业分析的重要内容。本实训以某省的市场营销大赛的真实数据进行分析，研究对象为悦芽科技有限公司，对比公司为欢欢喜喜公司，下同。

步骤五：点击市场部，进入市场部页面，再点击市场报告，选择竞争对手财务进行调查。了解两公司销售情况、市场占有情况、交货情况。

步骤六：点击市场部，进入市场部页面，再点击市场报告，选择竞争对手销售力量进行调查。了解两公司产品决策情况。

步骤七：点击市场部，进入市场部页面，再点击市场报告，选择竞争对手渠道管理进行调查。

3.2.1.3 注意事项

（1）查看信息须做好笔记，以免忘记。
（2）对市场信息的分析整理能力取决于分析者的判断和分析能力。内容具有一定的模糊性，需要自己对市场做出正确的判断。

3.2.2 实训2——市场调研报告

3.2.2.1 实验目标

(1) 学会市场调研报告的编写。
(2) 认识市场调研对市场营销的作用。

3.2.2.2 实验内容及步骤

(1) 实验内容。
① 编写市场调研报告。
② 教师对市场调研报告进行评分。
(2) 实验步骤。

进入市场部,点击市场报告,选择市场调研报告,点击进入,根据市场信息查询的调研结果撰写市场调研报告。

3.2.2.3 注意事项

(1) 认真做好市场营销调研并撰写市场调研报告。
(2) 市场调研报告质量直接会对产品销售有一定的影响。

3.2.2.4 思考和练习

(1) 撰写市场调研报告须注意的问题是什么?
(2) 如何写出质量较高的市场调研报告?
(3) 练习用软件提供的模板撰写每个季度的市场调研报告。

本章小结

通过本章的学习,了解以下内容。

市场调研工作的基本过程包括明确调查目标、设计调查方案、制订调查工作计划、进行调查、整理和分析调查资料、撰写调查报告。

开展市场调查可以采用两种方式：一是委托专业市场调查公司来做；二是企业自己来做，企业可以设立市场研究部门，负责此项工作。

市场竞争情况调查主要包括对竞争企业的调查和分析，了解同类企业的产品、价格等方面的情况，其采取了什么竞争手段和策略，做到知己知彼，通过调查帮助企业确定竞争策略。

2016年"学创杯"四川省赛照片

第 4 章
STP 战略

◆ 学习目标
1. 了解 STP 战略理论和概念。
2. 学会市场细分、目标市场的选择及产品定位。
3. 学会编写 STP 分析报告。
4. 了解市场细分、目标市场选择及产品定位对公司营销的影响。

4.1 相关理论知识

目标市场营销战略就是企业在市场调研的基础上,识别不同消费群体的差异,有选择地确认若干个消费群体作为自己的目标市场,发挥自身优势,满足其需求。目标市场营销战略包括市场细分(Segmenting)、目标市场选择(Targeting)和市场定位(Positioning),所以又被称为 STP 战略。

4.1.1 市场细分

4.1.1.1 市场细分的概念

市场细分是指根据消费者在需求上的各种差异,把整体市场划分为在需求上大体相似的若干个市场部分,形成不同的细分市场,即小市场。注意:市场细分不是通过产品分类来细分市场的，如汽车市场、服装市场、机床市场等，它是按照顾客需求爱好的差别，求大同存小异，来细分市场的。

4.1.1.2　市场细分的理论依据

市场细分是20世纪50年代中期美国市场营销学家温德尔·史密斯在总结西方企业市场营销实践经验的基础上提出的。主要有以下两个理论依据。

（1）顾客需求的异质性。

并不是所有的顾客需求都是相同的，只要存在两个以上的顾客，需求就会不同。由于顾客需求、欲望及购买行为是多元的，所以顾客需求满足呈现差异。顾客需求的异质性是市场细分的内在依据。

（2）企业资源的有限性和进行有效竞争。

现代企业由于受到自身实力的限制，不可能向市场提供能够满足一切需求的产品或服务。而且，任何一个企业，即使是处于市场领先地位，都不可能在市场营销全过程中占有绝对优势。为了进行有效竞争，企业必须进行市场细分，选择最有利可图的目标细分市场，集中企业资源，制定有效的竞争策略，以取得和增强竞争优势。所以，企业资源的有限性和进行有效竞争是对市场进行细分的外在要求。

4.1.1.3　市场细分的作用

市场细分的作用具体表现为以下几个方面。

（1）有利于发现市场机会。

在买方市场条件下，企业营销决策的起点在于发现有吸引力的环境机会，这种环境机会能否发展成为企业的市场机会，取决于两点：与企业战略目标是否一致；利用这种环境机会能够比竞争者具有优势并获取显著收益。显然，这些都必须以市场细分为起点。通过市场细分可以发现哪些需求已得到满足，哪些只满足了一部分，哪些仍是潜在需求，相应地，可以发现哪些产品竞争激烈，哪些产品较少竞争，哪些产品亟待开发。

市场细分对所有企业都至关重要，对中小企业尤为重要。与实力雄厚的大企业相比，中小企业资源能力有限，技术水平相对较低，通过市场细分，可以根据自身的经营优势，选择一些大企业无暇顾及的细分市场，集中力量满足该特定市场的需求，在整体竞争激烈的市场条件下，在某一局部市场取得较好的经济效益，求得生存和发展。

（2）有利于掌握目标市场的特点。

不进行市场细分，企业选择目标市场将是盲目的；不认真地鉴别各个细分市场的需求特点，就不能进行有针对性的市场营销。例如，某公司出口日本的冻鸡原先主要面向消费者市场，以超级市场、专业食品商店为主要销售渠道。随着市场竞争的加剧，销售量呈下降趋势。为此，该公司对日本冻鸡市场做了进一步的调查分析，以掌握不同细分市场的需求特点。从购买者区分有三种类型：一是饮食业用户；二是团体用户；三是家庭主妇。这三个细分市场对冻鸡的品种、规格、包装和价格等要求不尽相同。比如，饮食业用户和团体用户对冻鸡的品质要求较高，但对价格的敏感度低于零售市场的家庭主妇；家庭主妇对冻鸡的品质、外观、包装均有较高的要求，同时要求价格合理，购买时挑选性较强。根据这些特点，该公司重新选择了目标市场，以饮食业用户和团体用户为主要顾客，并据此调整了产品、渠道等营销组合策略，出口量大幅增长。

（3）有利于制定市场营销组合策略。

市场营销组合是企业综合考虑产品、价格、促销形式和销售渠道等各种因素而制定的市场营销方案。就每一特定市场而言，只有一种最佳组合形式，这种最佳组合形式只能是市场细分的结果。前些年我国曾向欧美市场出口真丝花绸，消费者是上流社会的女性。由于我国外贸出口部门没有认真进行市场细分，没有掌握目标市场的需求特点，因而营销策略发生了较大失误：产品配色不协调，不柔和，未能赢得消费者的喜爱；低价策略与目标顾客的社会地位不相适应；销售渠道又选择了街角商店、杂货店，甚至跳蚤市场，大大降低了真丝花绸产品的"华贵"品位；广告宣传也流于一般。这个失败的营销个案，从反面说明了市场细分对于制定营销组合策略具有多么重要的作用。

（4）有利于提高企业的竞争能力。

企业的竞争能力受客观因素的影响而存在差别，但通过有效的市场细分战略可以改变这种差别。市场细分以后，每一细分市场上竞争者的优势和劣势就明显地暴露出来，企业只要看准市场机会，利用竞争者的弱点，同时有效地开发本企业的资源优势，就能用较少的资源把竞争者的顾客和潜在顾客变为本企业的顾客，提高市场占有率，增强竞争能力。

4.1.1.4 市场细分的标准

市场细分是以消费需求差异为划分依据的，因此形成需求差异的各种因素均可作为市场细分的标准。消费者市场细分标准可归纳为四大类：地理环境因素、人口因素、消费心理因素和消费行为因素。

(1) 地理环境因素。

地理环境因素即按照消费者所处的地理位置、自然环境来细分市场。具体变量包括国家、地区、城市规模、气候及人口密度等。处于不同地理位置的消费者，对同一类产品往往呈现出差别较大的需求特征，对企业营销组合的反应也存在较大的差别。例如，对防暑降温、御寒保暖之类的消费品按照不同气候带细分市场是很有意义的。地理细分对不同区域市场的识别和划分也有意义。企业可以根据产品在该区域上市的时间，将市场分为引入期或发育期市场（1~5年），成长期市场（6~11年），成熟期市场（11年以上）。显然，这样的划分，有利于企业识别不同阶段市场的特征，制定具有针对性的营销策略。但是，就总体而言，地理环境中的大多数因素是一种相对静态的变量，企业营销必须研究处于同一地理位置的消费者和用户对某一类产品的需求或偏好所存在的差异。因此，还必须同时依据其他因素进行市场细分。

(2) 人口因素。

人口因素指各种人口统计变量，包括年龄、婚姻、职业、性别、收入、受教育程度、家庭生命周期、国籍、民族、宗教、社会阶层等。比如，不同年龄、不同受教育程度的消费者在价值观念、生活情趣、审美观念和消费方式等方面会有很大的差异。

第二次世界大战以后，美国的婴儿出生率迅速提高。到20世纪60年代，战后出生的一代已成长为青少年。加之美国这个时期经济繁荣，家庭可支配的收入增加，所以，几乎所有定位于青少年市场的产业及产品都获得了较大的成功。20世纪70年代后期，受美国经济不景气的影响，出生率显著下降。到20世纪80年代中期，几乎所有原来定位于婴幼儿和儿童市场的产品市场都呈现出不同程度的萧条景象，这必然使那些原来定位于儿童和青少年市场的企业重新定位或扩大经营范围，使企业在新的市场环境下得以继续发展。

人口因素是企业细分市场重要而常用的依据，但消费者对许多产品的购买并不单纯取决于人口因素，而是同其他因素特别是心理因素有着密切关系。例如，美国福特汽车公司曾按照购买者年龄来细分汽车市场，该公司的"野马"牌汽车原来是专门为年轻人设计的。令人惊讶的是：事实上不仅某些年轻人购买"野马"车，许多中老年人也购买"野马"车，因为他们认为驾驶"野马"车可以使自己显得年轻。这时，福特汽车公司的营销管理者才认识到，其"野马"车的目标市场并不是年轻的人，而是那些心理上年轻的人。这个事例表明，心理因素也是市场细分的重要依据。

(3) 消费心理因素。

消费心理因素，即按照消费者的心理特征细分市场。按照上述地理和人口等标准划分的处于同一群体中的消费者对同类产品的需求仍会显示出差异性，这可能是消费心理因素在发挥作用。消费心理因素包括个性、购买动机、价值观念、生活格调、追求的利益等变量。比如，生活格调是指人们对消费、娱乐等特定习惯和方式的倾向性，追求不同生活格调的消费者对商品的爱好和需求有很大差异。越来越多的企业，尤其是服装、化妆品、家具、餐饮、旅游等行业的企业，越来越重视按照人们的生活格调来细分市场。消费者的个性、价值观念等心理因素对需求也有一定的影响，企业可以把具有类似的个性、爱好、兴趣和价值取向相近的消费者集合成群，有针对性地制定营销策略。在有关心理因素的作用下，人们的生活方式可以分为"传统型""新潮型""奢侈型""活泼型""社交型"等不同类型。追求的利益是指消费者在购买过程中对产品不同效用的重视程度。一项对亚洲女性服装市场的调查表明，亚洲女性喜爱紧身服装有以下原因：视觉上更娇柔，形体更美丽，更加自信等，但不同亚洲国家或地区的女士的追求在心理上仍有差异。

来自相同的亚文化群、社会阶层、职业的消费者可能具有不同的生活方式，生活方式不同的消费者对商品和服务有不同的需求。例如，美国有的服装公司把妇女分成"朴素妇女""时髦妇女""有男子气的妇女"三种类型，分别设计和生产不同的妇女服装。对于这些生活方式不同的消费群体，不仅产品的设计不同，而且产品价格、经销商店、广告宣传等也有所不同。许多企业都从生活方式细分中发现了有吸引力的市场机会。

（4）消费行为因素。

消费行为因素，即按照消费者的购买行为细分市场，包括消费者进入市场的程度、使用频率、偏好程度等变量。按消费者进入市场的程度，通常可以划分为常规消费者、初次消费者和潜在消费者。一般而言，财力雄厚、市场占有率较高的企业，特别注重吸引潜在购买者，争取通过营销战略，把潜在消费者变为初次消费者，进而变为常规消费者。而一些中小企业，特别是无力开展大规模促销活动的企业，主要吸引常规消费者。在常规消费者中，不同消费者对产品的使用频率也很不一样，可以进一步细分为大量使用者和少量使用者。根据美国某啤酒公司的调查，某一区域有32%的人消费啤酒，其中，大量使用者与少量使用者各为16%，但前者购买了该公司啤酒销售总量的88%。因此，许多企业把大量使用者作为自己的销售对象。

消费者对产品的偏好程度是指消费者对某品牌的喜爱程度，据此可以把消费者市场划分为四个群体，即绝对品牌忠诚者、多种品牌忠诚者、变换型忠诚者和非品牌忠诚者。在绝对品牌忠诚者占较大比重的市场上，其他品牌难以进入；在变换型忠诚者占较大比重的市场上，企业应努力分析消费者品牌忠诚转移的原因，以调整营销组合，加强品牌忠诚度；而在非品牌忠诚者占较大比重的市场上，企业应审查原来的品牌定位和目标市场的确立等是否准确，并且随着市场环境和竞争环境的变化重新对定位加以调整。

4.1.1.5 市场细分原则

在进行市场细分时，应该遵守以下基本原则。

(1) 可衡量性。

可衡量性表明该细分市场特征的有关数据资料必须能够加以衡量和推算。比如在电冰箱市场上，在重视产品质量的情况下，有多少人更注重价格，有多少人更重视耗电量，有多少人更注重外观，或者兼顾几种特性。当然，将这些资料进行量化是比较复杂的过程，必须运用科学的市场调研方法。

(2) 可实现性。

可实现性即企业所选择的目标市场是否易于进入，根据企业目前的人、财、物和技术等资源条件能否通过适当的营销组合策略占领目标市场。

(3) 可盈利性。

可盈利性即所选择的细分市场有足够的需求量且有一定的发展潜力，使企业赢得长期稳定的利润。应当注意的是：需求量是相对于本企业的产品而言，并不是泛指一般的人口和购买力。

(4) 可区分性。

可区分性指不同的细分市场的特征可清楚地加以区分，比如女性化妆品市场可依据年龄层次和肌肤类型等变量加以区分。

4.1.2 目标市场选择

4.1.2.1 评估细分市场

在市场细分的基础上，企业首先要认真评估各细分市场，然后选择对本企业最有吸引力的一个或多个细分市场作为目标市场，有针对性地开展营销活动。市场细分的目的就是选择目标市场。目标市场是在市场细分的基础上，被企业选定的准备为之提供相应产品和服务的那一个或几个细分市场。企业为了选择目标市场，必须对各细分市场进行评估，判断细分市场是否具备目标市场的基本条件。主要应从以下几个方面考虑。

(1) 有适当规模和增长潜力。

首先要评估细分市场是否有适当规模和增长潜力。适当规模是指与企业规模和实力相适应。较小的市场对于大企业来说，不利于充分利用企业生产能力；而对于小企业来说，其缺乏能力来满足较大市场的有效需求或难以抵御较大市场上的激烈竞争。增长潜力是要有尚未满足的需求，有充分发展的潜力。

（2）有足够的市场吸引力。

市场吸引力主要是从获利的立场看市场长期获利率大小。市场可能具有适当规模和增长潜力，但从利润立场来看不一定具有吸引力。决定市场是否具有长期吸引力的因素主要有现实的竞争者、潜在的竞争者、替代品、购买者和供应者。企业必须充分估计这五种因素对市场长期获利率所造成的影响，预测各细分市场的预期利润。

（3）符合企业的目标和资源。

有些市场虽然规模适合，也具有吸引力，但必须考虑：第一，是否符合企业的长远目标，如果不符合，就只有放弃；第二，企业是否具备在该市场获胜所需的技术和资源，如企业的人力、物力、财力等，如果不具备，也只能放弃。但是仅拥有必备的力量是不够的，还必须具备优于竞争者的技术和资源，具有竞争的优势，才适宜进入该细分市场。

4.1.2.2 选择目标市场

企业通过评估细分市场，将决定进入哪些细分市场，即选择目标市场。在选择目标市场时，有五种可供参考的市场覆盖模式。

（1）市场集中化。

市场集中化是一种最简单的目标市场模式，即企业只选取一个细分市场，只生产一类产品，供应某一单一的顾客群，进行集中营销。例如，某服装厂只生产儿童服装。选择市场集中化模式一般基于以下考虑：企业具备在该细分市场从事专业化经营或取胜的优势条件；限于资金能力，只能经营一个细分市场；该细分市场中没有竞争对手；准备以此为出发点，取得成功后向更多的细分市场扩展。

（2）选择专业化。

选择专业化是指企业选取若干个具有良好的盈利潜力和结构吸引力，且符合企业的目标和资源条件的细分市场作为目标市场，其中每个细分市场与其他细分市场之间较少联系。其优点是可以有效地分散经营风险，即使在某个细分市场盈利情况不佳，仍可在其他细分市场取得盈利。选择专业化模式的企业应具有较强的资源和营销实力。

(3) 产品专业化。

产品专业化是指企业集中生产一种产品，并向各类顾客销售这种产品，如饮水机厂只生产一个品种，同时向家庭、机关、学校、银行、餐厅、招待所等各类用户销售。产品专业化模式的优点是企业专注于某一种或某一类产品的生产，有利于形成和发展生产和技术上的优势，在该领域树立形象。其局限性是当该领域被一种全新的技术与产品代替时，产品销售量有大幅下降的危险。

(4) 市场专业化。

市场专业化是指企业专门经营满足某一顾客群体需要的各种产品，比如某工程机械公司专门向建筑业用户供应推土机、打桩机、起重机、水泥搅拌机等建筑工程中所需要的机械设备。市场专业化经营的产品类型众多，能有效地分散经营风险。但由于集中于某一类顾客，当这类顾客的需求下降时，企业也会有收益下降的风险。

(5) 市场全面化。

市场全面化是指企业生产多种产品去满足各种顾客群体的需要。一般来说，实力雄厚的大型企业选用这种模式，才能收到良好效果。例如，美国IBM公司在全球计算机市场、丰田汽车公司在全球汽车市场等都采取市场全面化的战略。

4.1.2.3 目标市场营销策略

企业确定目标市场的方式不同，选择目标市场的范围不同，营销策略也有所不同。概括起来，可供企业选择的目标市场营销策略主要有以下三种。

(1) 无差异性营销策略。

无差异性营销策略是指企业把整体市场看作一个大的目标市场，不进行细分，用一种产品、统一的市场营销组合对待整体市场。在以下两种情况下，企业会采用无差异性营销策略：一是企业面对的市场是同质市场；二是企业把整个市场看成是一个无差异的整体，认定所有消费者对某种需求基本上是一样的。

企业采用无差异性营销策略时，实际上忽略了消费者需求之间存在的不明显的微小差异，或者企业认为没有必要进行细分。因此，企业只向市场投放单一的商品，设计一套营销组合策略，开展无差异性营销活动。例如，在20世纪60年代前，美国可口可乐公司一直奉行典型的无差异性营销策略，以单一的品种、标准的瓶装和统一的广告宣传，长期占领世界非酒类饮料市场。在大量生产、大量销售的产品导向时代，企业多数采用无差异性营销策略进行经营。又如食盐这种产品，消费者需求差异很小，企业认为没有细分的必要，可以采用大致相同的市场营销策略。

采用无差异性营销策略的最大优点是成本的经济性。大批量的生产销售，必然降低单位产品成本；无差异的广告宣传可以减少促销费用；不进行市场细分，相应减少了市场调研、产品研制与开发，以及制定多种市场营销战略、战术方案等带来的成本开支。

但是，无差异性营销策略对市场上大多数产品是不适宜的，特别是在当前商品生产发达、市场竞争激烈的情况下，对于一个企业来讲，一般也不宜长期采用。原因如下：

① 消费者需求客观上是千差万别、不断变化的；

② 许多企业同时在一个市场上采取这种策略，竞争必然激化，获得市场的机会反而减少；

③ 以一种产品和一套营销组合方案来满足不同层次、不同类型的消费者的需求，也是很难做到的，总会有一部分需求尚未满足，这对企业和消费者都是不利的。

正是因为如此，世界上一些曾长期采用这种策略的大企业也不得不改变策略，转而实行差异性营销策略。仍以美国可口可乐公司为例，由于软饮料竞争加剧，特别是百事可乐异军突起，打破了可口可乐垄断市场的局面，终于使得可口可乐公司放弃无差异性营销策略。

（2）差异性营销策略。

差异性营销策略是一种以市场细分为基础的目标市场营销策略。采用这种策略的企业按照对消费者需求差异的调查分析，将总体市场分割为若干分市场，从中选择两个以上乃至全部细分市场作为自己的目标市场，并针对不同的分市场，有选择性地提供不同的商品，制定不同的市场营销组合，分别进行有针对性的营销活动，以满足不同分市场的不同需求。

采用差异性营销策略最大的优点是可以有针对性地满足不同特征顾客群的需求，提高产品的竞争能力。但是，由于产品品种、销售渠道、广告宣传的扩大化与多样化，市场营销费用也会大幅增加。所以，无差异性营销策略的优势基本上成为差异性营销策略的劣势。同时，该策略在推动成本和销售额上升时，市场效益不能得到保证。因此，企业在市场营销中有时需要进行"反细分"或"扩大顾客的基数"，作为对差异性营销策略的补充和完善。

（3）集中性营销策略。

集中性营销策略，又称密集性营销策略，是指企业在市场细分的基础上，选择一个或几个很相似的细分市场作为目标市场，制定一套营销组合方案，实行专业化经营，进行密集性开发，集中力量争取在这些分市场上占有大量份额，而不是在整个市场上占有一席之地（小份额）。

4.1.3 市场定位

4.1.3.1 市场定位的实质

市场定位的实质是确定本企业产品在市场中的竞争地位。通过市场定位，来创造和形成区别于竞争对手的企业产品特色，使产品在消费者心目中留下深刻印象，树立良好形象。

4.1.3.2 市场定位的依据

市场定位的依据，主要有以下几种。

（1）根据产品属性和利益定位。

产品本身的属性以及由此而获得的利益能使消费者体会到它的定位。如大众汽车的"豪华气派"，丰田汽车的"经济可靠"，沃尔沃汽车的"耐用"。有些情况下，新产品应强调一种属性，而这种属性往往是竞争对手没有顾及的，这种定位方法比较容易收效。

（2）根据产品价格和质量定位。

对于那些消费者对质量和价格比较关心的产品来说，选择在质量和价格上的定位也是突出本企业形象的好方法。按照这种方法，企业可以采用优质高价定位和优质低价定位。例如，在"彩电战""空调大战"如火如荼的同时，海尔始终坚持不降价，保持较高的价位，这是优质高价定位的典型表现。

（3）根据产品用途定位。

例如："金嗓子喉宝"专门用来保护嗓子；"地奥心血康"专门用来治疗心脏疾病。为老产品找到一种新用途，是为该产品创造定位的好方法。尼龙从军用到民用，便是一个最好的用途定位例证。

（4）根据使用者定位。

企业常常试图把某些产品指引给适当的使用者或某个分市场，以便根据那个分市场的特点创建起恰当的形象。如各种品牌的香水，是针对各个不同分市场的，有的定位于优雅的、富有的、时髦的妇女，有的定位于生活方式活跃的年轻人。

（5）根据产品档次定位。

产品档次包括低档、中档和高档，企业可根据自己的实际情况任选其一。

例如：丹东孔雀表业（集团）有限公司在国内大多数企业角逐中低档表市场的时候，通过对市场的调研分析发现了高档市场的潜在需求。于是，企业大胆地进行技术攻关，果断地率先进入高档手表的生产领域，成功地将其拳头产品孔雀表推入市场，并以高档优质的独特形象赢得了国内消费者的青睐。

（6）根据竞争地位定位。

产品可定位于与竞争直接有关的不同属性或利益，如无铅松花蛋，将其定为不含铅，间接地暗示普通腌制的皮蛋含有铅，对消费者健康不利。这种定位方式关键是要突出企业的优势，如技术可靠性程度高，售后服务方便、迅速，以及其他对目标顾客有吸引力的因素，从而千方百计地在竞争者中突出自己的形象。

（7）多重因素定位。

这种方式是将产品定位在几个层次上，或者依据多重因素对产品进行定位，使产品给消费者的感觉是产品的特征很多，具有多重作用或效能。如一些名牌饮品以天然原料（质量定位），饮用、佐餐均相宜（用途定位），适用于儿童、少年及成年人（使用者定位）等综合方法来进行产品定位。采用这种方式，要求产品本身要有充分的内容，其"全"恰好就是它的竞争优势，是其他竞争者一时无法达到的。但是，要注意的是，如果需要描述的产品特性过多，反而会冲淡产品的形象，使产品显得过于平常，对消费者吸引力不大，因而难以留下深刻印象。

4.1.3.3 市场定位的步骤

市场定位通过识别潜在竞争优势、实施企业核心竞争优势定位和制定发挥核心竞争优势的战略三个步骤实现。

（1）识别潜在竞争优势。

识别潜在竞争优势是市场定位的基础。通常企业的竞争优势表现在两个方面：成本优势和产品差别化优势。成本优势是指企业能够以比竞争者低廉的价格销售相同质量的产品，或以相同的价格水平销售更高一级质量水平的产品。产品差别化优势是指产品独具特色的功能和利益与顾客需求相适应的优势，即企业能向市场提供在质量、功能、品种、规格、外观等方面比竞争者更好的产品。为实现此目标，首先必须进行规范的市场研究，切实了解目标市场需求特点以及这些需求被满足的程度。这是取得竞争优势，实现产品差别化的关键。其次，要研究主要竞争者的优势和劣势，可以从三个方面评估竞争者：一是竞争者的业务经营情况，如近三年的销售额、利润率、市场份额、投资收益率等；

二是竞争者的核心营销能力，主要包括产品质量和服务质量的水平等；三是竞争者的财务能力，包括获利能力、资金周转能力、偿还债务能力等。

（2）实施企业核心竞争优势定位。

核心竞争优势是指与主要竞争对手相比，企业在产品开发、服务质量、销售渠道、品牌知名度等方面所具有的可获取明显差别利益的优势。应把企业的全部营销活动加以分类，并将主要环节与竞争者相应环节进行比较分析，以识别和形成核心竞争优势。

（3）制定发挥核心竞争优势的战略。

企业在市场营销方面的核心能力与优势，不会自动在市场上得到充分的表现，必须制定明确的市场战略来加以体现。比如，通过广告传导核心优势战略定位，逐渐形成一种鲜明的市场概念，这种市场概念能否成功，取决于它是否与顾客的需求和追求的利益相吻合。

4.1.3.4　市场定位策略

市场定位策略主要包括避强定位策略、迎头定位策略和重新定位策略。企业在使用上述基本策略时，应考虑企业自身资源、竞争对手的可能反应、市场的需求特征等因素。

（1）避强定位策略。

这是一种避开强有力的竞争对手进行市场定位的策略，即企业不与对手直接对抗，将自己置于某个市场空隙。当企业对竞争者的位置、消费者的实际需求和自己的产品属性等进行评估分析后，发现现有市场存在空隙，这一空隙有足够的消费者而作为一个潜在的区域而存在；并且企业发现自身的产品难以正面匹敌，或者发现这一潜在区域比老区域更有潜力，在这种情况下可以发展目前市场上的特色产品，开拓新的市场领域。

这种定位的优点是，能够迅速在市场上站稳脚跟，并在消费者心中尽快树立起一定形象。这种定位方式市场风险较小，成功率较高，常常为多数企业所采用。

（2）迎头定位策略。

这是一种与在市场上居支配地位的竞争对手"对着干"的定位策略，即企业选择与竞争对手重合的市场位置，争取同样的目标顾客，彼此在产品、价格、分销、供给等方面少有差别。采用这一战略定位，企业必须比竞争对手具有明显的优势，应该了解自己是否拥有比竞争者更多的资源和能力，必须提供优于对方的产品，使大多数消费者乐于接受本企业的产品，而不愿意接受竞争对手的产品。

在世界饮料市场上，作为后起之秀的百事可乐进入市场时，就采用过这种方式，"你是可乐，我也是可乐"，与可口可乐展开面对面较量。实行迎头定位，企业必须做到知己知彼，力争比竞争对手做得更好。否则，迎头定位可能会成为一种非常危险的策略，将企业引入歧途。

（3）重新定位策略。

重新定位策略通常是对那些销路少、市场反应差的产品进行二次定位。初次定位后，随着时间的推移，新的竞争者进入市场，选择与本企业相近的市场位置，致使本企业原来的市场占有率下降；或者由于顾客需求偏好发生转移，原来喜欢本企业产品的人转而喜欢其他企业的产品，因而市场对本企业产品的需求减少。在这些情况下，企业就需要对其产品进行重新定位。一般来讲，重新定位是企业为了摆脱经营困境，寻求重新获得竞争力和增长的手段。不过，重新定位也可作为一种战术策略，并不一定是因为陷入了困境，相反，可能是由于发现新的产品市场范围引起的。例如，某些专门为青年人设计的产品在中老年人中也开始流行后，这种产品就需要重新定位。

4.1.4 市场开发分析报告

4.1.4.1 市场开发分析报告的撰写内容

（1）项目目标市场分析。

项目目标市场分析分为以下三个部分。

① 市场环境分析。对总体市场状况、消费者需求状况、竞争对手状况进行客观、重点分析。

② 市场商机分析。要求说明该项目具有值得开发的价值，该项目具有很大的发展空间。

③ 目标顾客分析。采用市场细分表，进行目标顾客的选择，确定本项目的目标顾客是哪些对象，对他们的年龄、性别、职业、收入及购买特点等情况进行分析，论证目标市场选择的准确性。

（2）项目选址环境分析。

项目开发一般以商业店铺开发为主，店址选择是店铺开发项目的重要内容。理想的店址一般都选择在交通便利、人群密集的商圈中。商圈是指店铺能够吸引消费者购买的地理区域。店铺选址必须分析商圈。一般以店铺设定的地点为圆心，周围一定距离为半径，作为店铺环境分析的范围。商圈半径的确定视不同店铺而定，一般来说便利店、小商铺的商圈半径在 500～800 米，而大卖场、大型商场的商圈半径在 5000 米，甚至更远。商圈根据具体情况又可以分为中心商圈、次级商圈和边缘商圈。

① 店铺选址初步确定。确定所选店铺的具体地址和方位，一般的项目报告都要求设计店铺地址的方位示意图，这样可以对店铺选址一目了然。

② 店铺选址环境分析。对商圈环境进行分析，主要内容有三个方面：商圈道路交通分析；商圈购买量分析；商圈竞争状况分析。

(3) 项目损益分析。

项目损益分析一般考虑投资经营期为 5 年以上，分析分为以下六个部分。

① 月营业额计算。对营业额进行估算，应考虑商圈内常住居民、学生、企事业单位以及流动顾客群的购买量。

② 合适的店铺面积估算。根据预估的日营业额指标来确定合适的店铺面积，月营业额才能得到保障。除此之外，还要注意其他因素的影响。如店铺所在的区域地段好坏、租金高低。

③ 开店经营费用估算。开店经营费用可分为固定费用与变动费用两类。固定费用是指与销售额的变动没有直接关系的费用支出，如工资、房租、折旧费、水电费、管理费等。变动费用是指与销售额的变化有直接关系的费用支出，如运杂费、保管费、商品损耗、营业税等。

④ 项目损益预算。项目损益可通过下式计算：

$$经营损益＝销售毛利－变动费用－固定费用$$

⑤ 投资风险估算。投资风险是对投资的经营安全率进行分析。经营安全率是衡量店铺经营状况的重要指标，一般测定的标准为：安全率在 30％以上为优秀店；20％～30％为优良店；10％～20％为一般店；10％以下为不良店。计算经营安全率必须要计算出损益平衡点。损益平衡点是指店铺收益与支出相等时的营业额，超过此点则表示店铺盈利，低于此点则表示店铺亏损。

⑥ 投资回报估算。投资回报估算应该包括年投资收益率与投资回收期。

(4) 经营特色分析。

店铺开发需要进行市场定位，要有自己的经营特色，即要设计店铺的特色，展示自己的形象。根据消费者的需求和竞争状况进行经营特色定位，制作市场定位图，进行项目经营特色分析。店铺特色可从以下方面进行定位：

① 店铺布局；

② 商品陈列；

③ 环境布置；

④ 商品结构；

⑤ 商品价格；

⑥ 顾客服务。

(5) 分析结论。

市场开发分析的目的在于保证项目投资的有效性。这是分析报告所作的结论性部分，也是报告的最后一个部分，对项目能否立项表明自己的态度。分析结论应从报告分析的"目标市场""店铺选址""项目损益""经营定位"全面进行归纳，提出项目结论。其中"项目损益"数据很重要，是分析结论的主要参考依据。结论意见表述要简练，要作高度概括。

4.1.4.2 市场开发分析报告的撰写格式

(1) 封面。

封面需作规范性设计，上面需要标明"项目分析报告名称""报告日期""报告人姓名及所属单位"。

(2) 前言。

前言应包含下列内容。

① 交代报告撰写背景。一般要交代清楚企业的经营目标、经营规模、经营条件、经营业绩及市场营销状况，特别要交代市场开发的优势条件。

② 说明报告撰写的必要性。市场开发是企业营销的重要活动，是市场竞争的长效手段，要求从营销角度说明报告撰写的必要性。

③ 交代报告撰写的组织情况。主要交代报告撰写人员及其分工，组织了哪些重要活动。

(3) 目录。

除非报告的页数很少，否则不要省略目录页的内容。通过目录可以让人们对分析报告有个概括性了解。在目录中应包括各章次标题，如果报告的内容多的话，还需标上各节次标题。分析报告要求设立二级目录。

(4) 正文。

正文是分析报告的主体部分。运用目标市场策略理论，对项目的"目标市场""选址环境""损益情况""市场定位""决策结论"进行全面、客观分析。

(5) 附录。

分析报告中，具体的方案、图表以及需要附加说明的材料，都可以作为附件。

4.2 实训——市场细分与目标市场的选择

4.2.1 实验目标

(1) 学会市场细分、目标市场的选择及产品定位。
(2) 学会编写 STP 报告。
(3) 了解市场细分、目标市场的选择及产品定位对市场营销的影响。

4.2.2 实验内容及步骤

(1) 实验内容。
① 查看上次实验编写的市场调查报告。
② 进行市场细分。
③ 选择目标市场。
④ 进行产品定位。
⑤ 编写 STP 报告。
⑥ 教师对 STP 报告进行评分。
(2) 实验步骤。
步骤一：查看上次实验编写的市场调查报告。
步骤二：进行市场细分分析。根据所学理论以及市场调查报告所提供的信息对市场进行细分。

市场细分是以消费需求差异为划分依据的，因此形成需求差异的各种因素均可作为市场细分的标准。消费者市场细分标准可归纳为四大类：地理环境因素、人口因素、消费心理因素和消费行为因素。

以消费行为因素为例。进入"市场部"，点击"市场报告"中的"消费行为调查"，细分消费群体。每个公司在这个行业都需要面对时尚型、科技型、商务型和实用型 4 类需求各异的消费群体。

选择目标市场的理由：第一季度，针对华南和华东、华北区域进行市场开发（见图 4-1）。总部设立在华北地区，所以要针对华北市场进行开发。华东和华南两个市场的开发周期只有 1 个季度，相比其他区域的开发周期和费用要低，所以选择华东和华南两个市场。

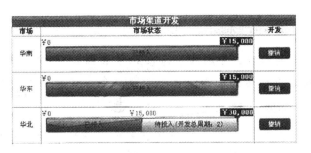

图 4-1　市场渠道开发（华南、华东、华北区域）

步骤三：产品定位。在目标市场中进行产品定位。根据消费者对产品各功能的喜爱程度进行定位。

步骤四：STP 报告撰写。进入"市场部"点击"市场报告"中的"STP 报告"在软件提供的模板中进行 STP 报告的撰写，见图 4-2。

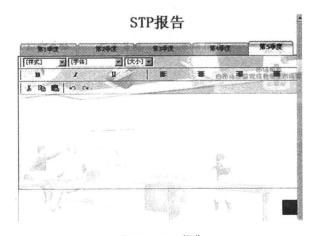

图 4-2　STP 报告

4.2.3　注意事项

（1）细分市场、目标市场的选择以及市场定位都是依据自身对市场的判断进行，没有一定的答案，目标市场的选择以及市场的定位可以随时变化。

（2）通过 STP 报告确定目标市场和市场定位。

（3）产品的定位要针对目标市场受众。

4.2.4　思考与练习

（1）如何进行市场细分比较符合自己的公司经营？

（2）如何有效地选择目标市场？

（3）如何有效地根据目标受众进行市场定位？

本章小结

通过本章的学习,了解以下内容。

STP战略包括市场细分、目标市场选择和市场定位。STP 战略是现代市场营销战略的核心。

目标市场营销战略总体来说有助于企业发掘市场机会,开拓市场,并且企业能够充分利用现有资源,获得竞争优势,还有利于企业了解各细分市场的特点,制定并调整营销组合策略。

市场细分是指按照某种特征将客户分类。市场细分的理论依据有:顾客需求的异质性;企业资源的有限性和进行有效竞争。

2017年"学创杯"全国赛照片

第 5 章
产品管理

◆ 学习目标
1. 熟悉产品管理理论和产品组合策略。
2. 完成产品设计、研发、生产、配送等步骤。

5.1 相关理论知识

5.1.1 产品概念

在现代市场营销学中,产品概念具有极其宽广的外延和深刻的内涵。产品是指能够通过交换满足消费者或用户某一需求和欲望的任何有形物品和无形服务。

菲利普·科特勒等营销学者认为,五个层次的表述方式能够更深刻、准确地表述产品整体概念的含义。

(1) 核心产品。

核心产品又称实质产品,是指向顾客提供的产品的基本效用或利益。从根本上说,每一种产品实质上都是为解决问题而提供的服务。比如,人们购买空调机不是为了获取装有某些电器零部件的物体,而是为了在炎热的夏季,满足凉爽舒适的需求。又如,在旅馆,夜宿旅客真正购买的是"休息与睡眠"。任何产品都必须具有反映顾客核心需求的基本效用或利益。

（2）形式产品。

形式产品，又称基础产品，是指核心产品借以实现的形式。如一个旅馆的房间应包括床、浴巾、毛巾、桌子、衣橱、卫生间等。形式产品由5个特征构成，即品质、式样、特征、商标及包装。即使是纯粹的服务产品，也具有与此类似的5个特征。产品的基本效用必须通过特定形式才能实现，市场营销人员应努力寻求更加完善的外在形式以满足顾客的需要。

（3）期望产品。

期望产品是指购买者在购买产品时期望得到的与产品密切相关的一整套属性和条件。例如，旅客在寻找一个旅馆时期望干净的床、新的毛巾和相对的安静。由于大多数旅馆能满足这最低的期望，所以，旅客通常没有什么偏好，并且找最方便的旅馆留宿。

（4）附加产品。

附加产品是指顾客购买产品时所获得的全部附加利益与服务，包括安装、送货、保证、提供信贷、售后服务等。例如，旅馆能增加它的产品，包括电视机、洗发香波、鲜花、结账快捷、美味晚餐和良好房间服务等。如今的竞争主要发生在附加产品的层次，正如美国学者西奥多·莱维特指出的：现代竞争的关键，并不在于各家公司在其工厂中生产什么，而在于它们能为其产品增加些什么内容。

（5）潜在产品。

潜在产品是指最终可能实现的全部附加部分和新转换部分，或者说是指与现有产品相关的未来可发展的潜在性产品。潜在产品指出了产品可能的演变趋势和前景，如彩色电视机可发展为电脑终端机等。

许多成功的公司在它们的产品和服务中增加了额外的优惠和好处，从而不仅让顾客满意，而且令顾客愉悦。愉悦是指对提供物表现出出乎意料的惊喜。如旅馆客人在枕下发现了糖果，或发现了一束花，或因特网服务。

以上五个层次，构成了营销学中的产品整体概念的基本内容。

5.1.2　产品组合及其相关概念

企业为了进行正确的产品决策，除了要用产品整体概念研究产品外，还要对企业生产营销的全部产品的组合情况进行分析和选择。

5.1.2.1　产品组合、产品线及产品项目

产品组合是指企业全部产品线和产品项目的组合或结构，即企业的业务经

营范围。产品线是指产品组合中的某一产品大类,是一组密切相关的产品。比如,以类似的方式发挥功能,售给同一顾客群,通过同一销售渠道出售,属于同一价格范畴等。产品项目是衡量产品组合各种变量的一个基本单位,指产品线内不同的品种以及同一品种不同的品牌。例如,某商场经营家电、百货、鞋帽、文教用品等,这就是产品组合。其中"家电"或"鞋帽"等大类就是产品线。每一大类里包括的具体品牌、品种为产品项目。

5.1.2.2 产品组合的宽度、长度、深度和关联度

产品组合包括4个衡量变量:宽度、长度、深度和关联度。产品组合的宽度是指产品组合中所拥有的产品线数目。产品组合的宽度越广,说明企业的产品线越多;反之,宽度越窄,则产品线越少。

产品组合的长度是指产品组合中产品项目的总数。如以产品项目总数除以产品线数目即可得到产品线的平均长度。

产品组合的深度指产品项目中每一品牌所含不同花色、规格、质量的产品数目的多少。如佳洁士牌牙膏有三种规格和两种配方(普通味和薄荷味),其深度就是6。通过统计每一品牌的不同花色、规格、质量的产品的总数目,除以品牌总数,即为企业产品组合的平均深度。产品组合的深度越大,企业产品的规格、品种就越多;反之,深度越小,则规格、品种就越少。

实际上,一般公司的产品组合总长度要长得多,深度也要深得多。例如,童帽作为一个品种,可以有几个、十几个品牌,其中一个品牌不同花色、规格、质量的产品可以有几十个甚至几百个,因此有的公司经营的产品如按花色、规格、质量统计可达几万种乃至几十万种。

产品组合的关联度是指各条产品线在最终用途、生产条件、分配渠道或其他方面相互关联的程度。例如,某家用电器公司拥有电视机、收录机等多条产品线,但每条产品线都与电有关,这一产品组合具有较强的相关性。产品组合的深度越浅,宽度越窄,则产品组合的关联度越大;反之,则关联度越小。

产品组合的宽度、深度和关联度对企业的营销活动会产生重大影响。通常,增加产品组合的宽度,即增加产品线的数目、扩大经营范围,可以使企业获得新的发展机会,更充分地利用企业的各种资源,分散企业的投资风险;增加产品组合的深度,会使各条产品线具有更多规格、花色、型号的产品,更好地满足消费者的不同需要和偏好,增强企业的竞争力;增加产品组合的关联度,可以发挥企业在其擅长领域的资源优势,避免进入不熟悉的领域可能带来的风险。

因此，企业根据市场需求、竞争态势和自身能力，对产品组合的宽度、深度和关联度进行选择是非常必要的。

5.1.3 产品组合策略

根据产品组合的四种尺度，企业可以采取四种方法发展业务组合：开拓产品组合的宽度，扩展企业的经营领域，实行多样化经营，分散企业投资风险；增加产品组合的长度，使产品线丰满充裕，成为更全面的产品线公司；加强产品组合的深度，占领同类产品的更多细分市场，满足更广泛的市场需求，增强行业竞争力；加强产品组合的关联度，使企业在某一特定的市场领域内加强竞争和赢得良好的声誉。

5.1.3.1 扩大产品组合

扩大产品组合包括开拓产品组合的宽度和加强产品组合的深度。前者指在原产品组合中增加产品线，扩大经营范围。例如某企业在家电类产品的基础上开始生产通信类产品。后者指在原有产品线内增加新的产品项目。当企业预测现有产品线的销售额和盈利率在未来可能下降时，就应当考虑在现有产品组合中增加新的产品线，或加强其中有发展潜力的产品线。例如，某家电企业推出智能型新款洗衣机。

5.1.3.2 缩减产品组合

市场繁荣时期，较长较宽的产品组合会为企业带来更多的盈利机会。但是在市场不景气或原料、能源供应紧张时期，缩减产品线反而能使总利润上升，因为剔除那些获利小甚至亏损的产品线或产品项目，企业可集中力量发展获利多的产品线和产品项目。

5.1.3.3 产品线延伸策略

每一企业的产品都有特定的市场定位，如美国的林肯牌汽车定位于高档车市场，雪佛莱牌汽车定位于中档车市场，而斑马牌汽车则定位于低档车市场。产品线延伸策略指全部或部分地改变原有产品的市场定位，具体有向下延伸、向上延伸和双向延伸三种实现方式。

（1）向下延伸。

有些生产经营高档产品的企业渐次增加一些较低档的产品项目，称为向下延伸。这种策略通常适合下列几种情况。

① 利用高档名牌产品的声誉，吸引购买力水平较低的顾客慕名购买此产品线中的低档廉价产品。

② 高档产品的销售增长速度下降。

③ 企业最初进入高档产品市场的目的是建立品牌信誉，树立高级的企业形象，然后再进入中、低档产品市场，以扩大销售增长率和市场份额。

④ 补充企业的产品线空间，以防止新的竞争者涉足。

但是，实行这种策略会使企业面临以下风险。

① 推出较低档的产品可能会使原有高档产品的市场更加缩小。

② 如果处理不慎，可能影响企业原有产品的市场形象及名牌产品的市场声誉。

③ 可能迫使竞争者转向高档产品的开发。

④ 经销商可能不愿意经营低档货。同时，采用这种策略必须辅之以一套相应的营销策略，如对销售系统的重新设置等，所有这些将大大增加企业的营销费用开支。

（2）向上延伸。

有些企业原来生产经营低档产品，渐次增加高档产品，称为向上延伸。这种策略通常适合下列几种情况。

① 高档产品市场具有较高的销售增长率和毛利率。

② 企业的技术设备和营销能力已具备进入高档产品市场的条件。

③ 追求高、中、低档齐备的完整的产品线。

④ 以较高级的产品项目来提高整条产品线的地位。

实行这种策略的企业也要承担以下风险。

① 发展高档产品可能促使原来生产经营高档产品的企业采取向下延伸策略，从而增加竞争压力。

② 顾客可能对该企业生产经营高档产品的能力缺乏信任（要改变产品在顾客心目中的地位是相当困难的）。

③ 原有的销售人员和经销商可能没有推销高档产品的经验和技能。

（3）双向延伸。

有些生产经营中档产品的企业，掌握了市场优势以后，逐渐向高档和低档两个方向延伸，称为双向延伸。

产品延伸有利有弊。其正面作用是可以满足更多消费者的需求，迎合消费者求异求变的心理，适应不同层次价格的需求，以及可以减少企业开发新产品的风险等。其负面作用是，降低品牌忠诚度，产品的不同项目难以区分，引起成本增加等。因此，把握好延伸的度至关重要，企业经营应当及时关注产品利润率的情况，集中生产利润较高的产品，削减那些利润低或者亏损的品种。当需求紧缩时，缩短产品线；当需求旺盛时，延伸产品线。

5.1.3.4 产品线现代化决策

产品线现代化决策是强调把现代科学技术应用于生产经营过程，并不断改进产品线使之符合现代顾客需求的发展潮流。如果产品组合的宽度、深度和长度都很适宜，但是，生产方式已经落后，或者产品跟不上现代顾客需求的潮流，就会影响企业生产和市场营销效率，就必须实施产品线现代化决策。比如，我国一些纺织企业为了迎接世界贸易组织（WTO）给国内纺织企业带来的国际市场机会，在设备更新改造方面进行了大量的投资，从而增强了我国纺织企业在国际纺织品市场的竞争能力，大大增强了纺织品的出口创汇水平。

当企业决定实施产品线现代化决策时，面临的主要问题是：以渐进方式还是以快速方式实现产品线的技术改造？逐步实现产品线现代化可以节省资金，但也容易被竞争者发现和模仿；快速实现产品线现代化，可以快速产生市场效果，并对竞争者形成威胁，但需要在较短的时间内投入大量的资金。

5.1.3.5 产品线号召决策

有的企业在产品线中选择一个或少数几个产品项目进行精心打造，使之成为颇具特色的号召性产品去吸引顾客。有时候，企业以产品线上低档产品型号进行特别号召，使之充当开拓销路的廉价品。

5.1.4 品牌的含义

品牌是用以识别某个销售者或某群销售者的产品或服务，并使之与竞争对手的产品或服务区别开来的名称及其标志，通常由文字、标记、符号、图案和颜色等要素或这些要素的组合构成。品牌是一个集合概念，它包括品牌名称和品牌标志。

品牌名称是指品牌中可以用语言称呼的部分。例如"蒙牛""美的""福特"等。这些都是知名的品牌名称。

品牌标志是指品牌中可以被识别或认知，但难以用语言称呼的部分。

品牌标志通常为某种符号、象征、图案、设计、颜色、文字。如奥迪轿车的四环标志等。

品牌，就其实质来看，它代表着销售者对交付给购买者的产品特征、利益和服务的一贯承诺。久负盛名的品牌就是优良质量的保证。不仅如此，品牌还是一个更为复杂的符号，蕴含着丰富的市场信息。为了深刻揭示品牌的含义，还需从以下六个方面阐述。

（1）属性。

品牌首先使人想到某种属性。例如，多年来，奔驰轿车的广告一直强调它是世界上工艺极佳的汽车，而沃尔沃汽车则使人联想到安全。

（2）利益。

对于顾客，他们购买的是利益。属性需要转化为功能性或情感性利益。如汽车的耐久属性可以转化为功能性利益，"多年内我不需要再买一辆新车"。制作精良的属性可以转化为功能性和情感性利益，"一旦出事时我很安全"。

（3）价值。

品牌表明生产者倡导的某些价值观或消费观。如"奔驰"代表着高效、安全、声望及其他东西。

（4）文化。

品牌可能代表着一种文化。如"奔驰"代表着德国文化：组织严密、高效率和高质量。

（5）个性。

品牌反映出一定的个性。如"奔驰"代表着一种王者的个性。

（6）用户。

品牌暗示了购买或使用产品的消费者的类型。例如，人们总认为"奔驰"的用户是一个成功者。

如果生产者在品牌规划和品牌推广上做出努力后，能让目标消费者从以上六个方面整体识别品牌，说明企业的品牌战略是成功的，它创出了"深度品牌"；否则，它只是一个"肤浅品牌"而已。还应该注意的是，在品牌的整体含义的六个方面要素中，最持久的是品牌的价值、文化和个性要素。

5.1.5　品牌在市场营销中的作用

品牌是企业重要的无形资产，在营销活动中发挥着重要的作用。现从消费者、营销者和社会三方面分别分析品牌的益处。

5.1.5.1　对消费者的益处

（1）便于识别和选购。

品牌代表产品一定的质量和特色，便于买者选购，提高购物效率。

(2) 维护购买者的利益。

品牌可保护购买者的利益，便于有关部门对产品质量进行监督，质量出了问题也便于追查责任。

5.1.5.2 品牌对营销者的作用

(1) 便于卖者进行营销管理。

如在做广告宣传和签订买卖合同时，都需要品牌信用做保障，以简化交易手续。

(2) 保护所有者的合法权益。

注册商标受法律保护，具有排他性。

(3) 促进产品销售。

品牌可建立稳定的顾客群，吸引那些具有品牌忠诚性的消费者，使企业的销售额保持稳定。

(4) 有助于市场细分和定位。

企业可按不同细分市场的要求，建立不同的品牌，以不同的品牌分别投入不同的细分市场。

(5) 有助于树立企业形象。

良好的品牌有助于树立良好的企业形象，使企业获得长久、稳定、可持续的发展。

5.1.5.3 对整个社会的益处

(1) 品牌可促进产品质量的不断提高。由于购买者认牌购货，生产者不能不关心品牌的声誉，加强质量管理，从而使市场上的产品质量普遍提高。

(2) 品牌可加强社会的创新精神，鼓励生产者在竞争中不断创新，从而使市场上的产品丰富多彩、日新月异。

(3) 商标专用权可保护企业间的公平竞争，使商品流通有秩序地进行，促使整个社会经济健康发展。

5.1.6 品牌命名

一个好的品牌首先要有好的名称。品牌的命名，应该坚持以下原则。

(1) 易读、易记原则，让消费者过目不忘。

这个原则要求在品牌的命名选择中，要符合简洁、独具特色、新颖、响亮、富有内涵等要求。例如，娃哈哈读起来朗朗上口，与脍炙人口的新疆民歌《娃哈哈》同名，所以很容易让消费者记住并感兴趣。

（2）达到暗示产品特性的原则。

品牌名称表达着产品的属性、利益及价值。成功的品牌应该尽可能体现产品特性。比如"永久""奔驰""宝马"等品牌就体现了产品本身的特性。

（3）触发消费者品牌联想原则。

让消费者看到、读到该名称时，就引起良好的、愉快的联想。

（4）适应跨文化环境的原则。

名称应符合不同国家、不同地区的风土文化，便于国际化推广。

（5）受法律保护的原则。

品牌名称必须是法律许可的，违背法律要求的品牌名称不能注册，没有注册的品牌名称不受法律保护。

5.1.7 品牌策略

（1）品牌化策略及其重要意义。

品牌化策略是企业品牌从定位、确认到推广的一整套营销方法、技术及应用。在现代市场竞争中，品牌竞争是提高企业核心竞争力的重要手段。品牌化策略是企业产品营销策略的重要组成部分，也是培育名牌的根本途径。

树立知名品牌形象的企业实施品牌化策略具有十分重要的意义：可以使卖主易于管理订货；可使企业的产品特色得到法律保护，防止别人模仿、抄袭；品牌化使卖主有可能吸引更多的品牌忠诚者；品牌化有助于企业细分市场；良好的品牌有助于树立良好的企业形象。

（2）品牌策略及其应用。

品牌策略包含统一品牌、多品多牌、分类品牌、贴牌、本土化品牌、无品牌等六项策略。

① 统一品牌策略。

所谓统一品牌策略，即统一品牌延伸策略，是指企业原有的品牌在某一市场取得成功，获得消费者认可后，企业在开发的所有新品进入新市场或旧品进入新市场时均采用原品牌。如娃哈哈在成功推出儿童营养液后，又用相同的品牌推出饮料、服装等多种产品。企业通过这种策略，可以节省宣传介绍新产品的费用，使新产品能迅速、顺利地打入市场。类似的例子有很多，如韩国三星电子公司生产的产品大都使用"三星"品牌；日本索尼公司生产的产品大都使用"SONY"这个品牌名称。

统一品牌延伸策略的优势是为企业节省了巨额市场开拓费用。由于既有品牌已有较高的消费者认知度，因此，新品推出后或进入新行业后仍沿用原品牌名更易为消费者接受，从而省去市场推广提高知名度所需的广告费。

品牌延伸策略的劣势是如企业原有品牌知名度较低或消费者美誉度较差，则利用品牌延伸策略效果不明显。同时，如果企业的产品线较宽，产品品类多的话，万一其中一种产品市场开拓失败，易对统一品牌形成负面效应，从而影响其他产品线。

因此，企业在考虑品牌延伸策略时应在既有品牌知名度、美誉度较高且新的市场和原有市场有较高的关联度的情况下实施。

② 多品多牌策略。

所谓多品多牌策略，是指企业对所开发的新品或新进入市场的产品进行单独命名和推广的策略。

宝洁公司就是典型的多品多牌策略，宝洁公司所有行业的所有产品均为单独命名。如宝洁公司的洗发液品牌有"海飞丝""飘柔""潘婷"等，洗衣粉品牌有"汰渍""碧浪"等。

企业采取多品牌策略有如下优势。

第一，多种不同的品牌只要被零售商店接受，就可占用更大的货架面积，而竞争者所占用的货架面积当然会相应减小。

第二，多种不同的品牌可吸引更多顾客，提高市场占有率。即使单个品牌市场失败，也不会对其他品牌造成影响。

第三，发展多种不同的品牌可使企业将业务延伸到不同的细分市场或其他行业的市场。当某一领域细分市场过多，而企业的原有品牌内涵不宜做无限制延伸时，利用新品牌可以占有较多的细分市场。

第四，发展多种不同的品牌有助于在企业内部各个产品部门、产品经理之间开展竞争，提高效率。

多品多牌策略的劣势是市场开拓成本较高，不利于在消费者心目中形成统一的品牌形象，除非新市场利润较高，市场开拓成本完全可以抵消。

因此，在行业内细分市场多、利润丰厚、企业原品牌定位及属性不宜延伸的情况下，可以实施多品多牌策略。

③ 分类品牌策略。

所谓分类品牌策略，是指企业经营的各项产品的市场占有率虽然相对稳定，但是产品品类差别较大或跨行业时，原有品牌定位及属性不宜延伸时，企业往往把经营的产品按属性分为几个大的类别，然后冠之以几个不同的品牌名称。

如日本松下公司，其音像制品的品牌是"Panasonic"；家用电器的品牌是"National"；立体音响的品牌则是"Technics"。

分类品牌策略的优势是避免了产品线过宽时使用统一品牌而带来的品牌属性及概念的模糊，且避免了一品一牌策略带来的品牌过多，营销及传播费用无法整合的缺点。

分类品牌策略无明显的劣势，但是相对统一品牌策略而言，如果目标市场利润低，企业营销成本又高的话，分类品牌策略略显营销传播费用分散，无法起到整合的效果。

因此，如果企业要实施分类品牌策略，应考虑行业差别较大、现有品牌不宜延伸的领域。

④ 贴牌策略。

所谓贴牌策略，是指某企业生产的产品冠之以其他企业的品牌。贴牌策略本质上是一种资源整合，优势互补。如体育用品业第一品牌耐克，所有产品均为贴牌产品，耐克公司只负责营销。国内家电业巨头海信原来并无冰箱产品，海信利用自身的品牌优势延伸至冰箱业，但投资冰箱生产线动辄几千万，成本过高，短期内无法收益。因此，海信根据市场情况，向各个专业厂家如科龙定向采购，统一冠之以"海信"之名。

贴牌策略的最大优势是贴牌企业（采购方）省去了生产、制造和技术研发的成本。被贴牌企业（被采购方）则省去了营销、传播、运输、仓储成本。双方实现双赢的结果。

贴牌策略的劣势是贴牌的双方一般是竞争对手，如果同一产品在同一渠道出现，双方不可避免会产生竞争。

因此，实施贴牌策略的双方，最好避免在同一渠道出现；同时，双方的品牌定位应避免处于同一消费层级。这样，双方或可减轻直接冲突的可能。

⑤ 本土化品牌策略。

本土化品牌策略是指企业开拓新的区域市场或国际市场时，迫于当地环境压力（如商标被抢注，现有品牌不适合当地文化），不得以改变品牌以适应本地文化的行为。如国药第一品牌"同仁堂"在很多国家被抢注，所以"同仁堂"药业要想进军海外市场，必须得另起新名。可口可乐进入中国市场，为了适应中国文化也起了一个非常中国化的名字——"可口可乐"并和原英文商标同时使用。业界认为可口可乐这一中文译名音形义俱佳，为可口可乐开拓中国市场立下了汗马功劳。

本土化品牌策略的优势是，由于新品牌名能融入本地文化，所以易于为当地消费者接受。劣势是有时要放弃原品牌的号召力，重塑一个新品牌。

因此，本土化品牌策略作为非常规手段不宜常用，除非面临较大的文化差异等不可抗拒因素。最好的办法还是"国际化品牌，本土化沟通"。

⑥ 无品牌策略。

无品牌策略是指企业对自身生产的产品不使用任何品牌名。人们所熟知的杜邦公司就是一例。杜邦公司在能源、化工方面一直是高技术的拥有者，同时更是著名品牌如可口可乐公司、阿迪达斯公司等的原材料供应者。杜邦公司在这些原材料上均隐去企业名，更无商品名。

无品牌策略的主要优势是可以减少经营管理费用。劣势是因为不为消费者所知，产品推广时渠道阻力较大，渠道公关成本可能较高。

因此，无品牌策略的产品主要见于一些原材料生产商，或生产技术简单，消费者选购时重质量轻品牌的小商品生产企业。

创建一个品牌，往往要花很长时间，一些产品可能需要历经四五十年甚至更长的时间才将自己的品牌形象植入消费者心中，如宝洁系列中的汰渍有50年历史，佳洁士有40年历史；可口可乐更是百年老店。在现代市场竞争中，品牌竞争是提高企业核心竞争力的重要手段。品牌策略是企业产品营销策略的重要组成部分，也是培育名牌的根本途径。

5.1.8 新产品开发

科技进步日新月异，各种新知识、新产品、新技术不断产生，一些旧观念、旧方法和旧技术，不是被淘汰，就是被大幅改进。产品生命周期迅速缩短，已成为当代企业不可回避的现实。正是这种现实迫使每个企业不得不把开发产品，作为关系企业生存的战略重点。如日本索尼公司为不断扩大自己在国际市场的竞争实力，每年向市场推出1000种新产品。又如美国明尼苏达矿业制造公司（以下简称"明尼苏达公司"）从生产砂纸开始，逐步发展到卫生保健、电力、运输、航空、航天、通信、建筑、教育、娱乐与商业，在它100多年的发展中，始终保持着锐意创新的精神，它比其他公司更快更多地开发出新产品。它曾气度非凡地推出一份引人注目的产品目录，从不干胶贴纸到心肺治疗仪器，竟达6万多种。据统计，公司年度销售额的30%左右来自近5年内开发出的新产品。正因为如此，明尼苏达公司在美国500家大企业中位居第28位，销售额达140多亿美元，利润达12亿美元。

（1）新产品的概念及种类。

市场营销学中所使用和讨论的新产品概念与因科学技术在某一领域的重大发展所推出的新产品，在概念上有所不同。产品只要在功能或形态上得到改进或与原有产品产生差异，并为顾客带来新的利益，即视为新产品。具体地说，新产品可分为以下六种基本类型。

① 全新产品。即运用新一代科学技术革命创造的整体更新产品。

② 新产品线。即使企业首次进入一个新市场的产品。

③ 现有产品线的增补产品。

④ 现有产品的改进或更新。对现有产品性能进行改进或注入较多的新价值。

⑤ 再定位。即进入新的目标市场或改变原有产品市场定位而推出的新产品。

⑥ 成本减少。即以较低成本推出同样性能的新产品。

总之，企业新产品开发的实质是推出上述不同内涵与外延的新产品。对大多数公司来说，新产品开发的真正意义是改进现有产品，而非创造全新产品。

（2）新产品开发的组织。

① 新产品开发的组织形式。

a. 产品线经理。有些实力雄厚、产品线丰富的大公司，将产品开发的主要职责委派给产品线经理负责。但产品线经理更多地强调对现有产品线的管理，往往缺乏开发新产品的专业知识与技能。

b. 新产品经理。在国外，有些大公司设有隶属于产品线经理领导的新产品开发经理，譬如美国强生公司。这被认为是一个比较成功的模式，一是使新产品开发的功能专业化；二是使新产品经理能集中投入更多的时间与精力。

c. 新产品开发委员会。对于那些全球化公司来说，新产品开发战略关系到公司与其他全球竞争者的力量对比和在全球竞争中的地位。因此，其设置一个最高层次的新产品开发管理委员会，负责新产品开发的计划、审核、组织及管理实施。

d. 新产品部。设立新产品开发专职部门，直接受公司最高管理层领导。

e. 新产品开发小组。由公司内各部门智囊人员组成，制定新产品开发预算、工作任务、期限和市场投放策略并组织实施。

② 团队导向的同时型产品开发组织。

在传统的产品开发组织模式中，虽然每个开发环节的管理责任分明，但彼此之间缺乏有组织的团队工作精神，使得序列化的产品开发引发了某些难以避免的问题。比如，试制车间经常把设计方案退还给设计室，理由是不能按照预计的成本试制出样品，设计人员必须重新设计；由于产品研发期过长，顾客的要求在不断变化，加之激烈的竞争因素，使新产品不得不以低于预定的价格出售。在此情形下，销售部门对研发部门感到不满，而研发部门则指责销售部门无能。

在新产品开发中，应引入团队导向的同时型产品开发组织体制。同时型产品开发是相对于序列化的产品开发而言的，即在整个开发过程中，研发部门、设计部门、技术部门、生产部门、采购部门、市场营销部门和财务部门自始至终地通力合作，各种职能的交叉管理应始终贯穿于产品开发全过程。

③ 新产品开发与经营管理体制。

一些公司，特别是那些全球化公司，其经营管理体制在很大程度上决定着新产品开发的组织体制。

(3) 新产品开发的程序。

为了提高新产品开发的成功率，必须建立科学的新产品开发管理程序。不同行业的生产条件与产品项目不同，管理程序也有所差异。一般企业研制新产品的管理有以下几个程序。

① 新产品构思。

构思是为满足一种新需求而提出的设想。在新产品构思阶段，营销部门的主要责任是：寻找，积极地在不同环境中寻找好的产品构思；激励，积极地鼓励公司内外人员发展产品构思；提高，将所汇集的产品构思转送公司内部有关部门，征求修正意见，使其内容更加充实。营销人员寻找和收集新产品构思的方法主要有以下几种。

a. 产品属性排列法。将现有产品的属性一一排列出来，然后探讨，尝试改良每一种属性，在此基础上形成新的产品创意。

b. 强行结合法。先列举若干不同的产品，然后把某一产品与另一产品或几种产品强行结合起来，产生一种新的构思。比如，组合家具的最初构想就是把衣柜、写字台、装饰柜的不同特点及不同用途相结合，设计出既美观又实用的组合型家具。

c. 多角度分析法。这种方法首先将产品的重要因素抽象出来，然后具体地分析每一种特性，再形成新的创意。例如，洗衣粉的重要属性是其溶解的水温、使用方法和包装，根据这三个因素所提供的不同标准，便可以提出不同的新产品创意。

d. 聚会激励创新法。将若干名有见解的专业人员或发明家集合在一起（一般以不超过10人为宜），开讨论会前提出若干问题并给予时间准备，在会上畅所欲言，彼此激励，相互启发，提出种种设想和建议。经分析归纳，例如用"头脑风暴法"，便可形成新产品构思。

e. 征集意见法。产品设计人员通过问卷调查、召开座谈会等方式了解消费者的需求，征求科技人员的意见，询问技术发明人、专利代理人、大学或企业的实验室、广告代理商等的意见，并且坚持经常进行，形成制度。

② 筛选。

取得足够的新产品构思之后，要对这些构思加以评估，研究其可行性，并挑选出可行性较强的构思，这就是筛选。筛选的主要目的是选出那些符合本企业发展目标和长远利益，并与企业资源相协调的产品构思，摒弃那些可行性较小或获利较少的产品构思。筛选应遵循如下标准。

a. 市场成功的条件。包括产品的潜在市场成长率，竞争程度及前景，企业能否获得较高的收益。

b. 企业内部条件。主要衡量企业的人、财、物资源，企业的技术条件及管理水平是否适合生产这种产品。

c. 销售条件。包括企业现有的销售结构是否适合销售这种产品。

d. 利润收益条件。包括产品是否符合企业的营销目标，其获利水平及新产品对企业原有产品销售的影响。

这一阶段的任务是剔除那些明显不适当的产品构思。在筛选过程中除了要综合考虑以上因素外，还要尽量避免两种错误：漏选与错选。漏选是指未能认识到某项好的创意的开发价值而轻率舍弃；错选则是把没有发展前途的创意仓促投产。这两种错误都会给企业造成损失，在筛选阶段应特别注意。

③ 产品概念的形成与测试。

经过筛选后保留下来的产品构思还要进一步发展成更具体、更明确的产品概念。

这里，应当明确产品构思、产品概念和产品形象之间的区别。所谓产品构思，是指企业从自己的角度考虑能够向市场提供的可能产品的构想。所谓产品概念，是指企业从消费者的角度对这种构思所做的详尽描述，是指已经成形的产品构思，即用文字、图像、模型等予以清晰阐述，使之在顾客心目中形成一种潜在的产品形象。一个产品构思能够转化为若干个产品概念。而产品形象，则是消费者对某种现实产品或潜在产品所形成的特定形象。企业必须根据消费者的要求把产品构思发展为产品概念。企业在确定最佳产品概念，进行产品和品牌的市场定位后，就应当对产品概念进行检验。所谓产品概念测试，就是用文字、图像描述或者用实物将产品概念展示于一群顾客面前，观察他们的反应。

对每一个产品概念都要进行定位，以了解同类产品的竞争状况，选择最佳产品概念。

选择的依据是未来市场的潜在容量、投资收益率、销售成长率、生产能力以及对企业设备、资源的充分利用等，可采取问卷方式将产品概念提交目标市场有代表性的消费群体进行测试、评估。如产品概念的问卷可以包括以下问题：你认为这种饮品与一般奶制品相比有什么优点？该产品是否能够满足你的需求？

与同类产品比较，你是否偏好此产品？你能否对产品属性提供某些改进建议？你认为价格是否合理？产品投入市场，你是否会购买（肯定买、可能买、可能不买、肯定不买）？问卷调查可帮助企业确立吸引力最强的产品概念。

④ 初拟营销规划。

企业选择了最佳产品概念之后，必须制订把这种产品引入市场的初步市场营销计划，并在未来的发展阶段中不断完善。初拟的营销计划包括以下三个部分。

a. 描述目标市场的规模、结构，消费者的购买行为，产品的市场定位以及短期（如3个月）的销售量，市场占有率，预期利润率等。

b. 概述产品预期价格、分配渠道以及第一年的市场营销预算。

c. 分别阐述较长期（如3~5年）的销售额和投资收益率，以及不同时期的市场营销组合等。

⑤ 商业分析。

从经济效益分析新产品概念是否符合企业目标。包括两个具体步骤：预测新产品销售额和推算成本与利润。

预测新产品销售额可参照市场上类似产品的销售发展历史，并考虑各种竞争因素，分析新产品的市场地位、市场占有率等。

⑥ 新产品研制。

主要是将通过商业分析后的新产品概念交送研发部门或技术工艺部门试制成为产品模型或样品，同时进行包装的研制和品牌的设计。这是新产品开发的一个重要步骤，只有通过产品试制，投入资金、设备和劳力，才能使产品概念实体化，发现不足与问题，改进设计，从而证明这种产品概念在技术、商业上的可行性如何。应当强调，新产品研制必须使模型或样品具有产品概念所规定的所有特征。

⑦ 新产品试销。

如果企业的高层管理者对某种新产品开发试验结果感到满意，就着手用品牌名称、包装和初步市场营销方案把这种新产品装扮起来，将其推上市场进行销售。这是新产品开发的第七阶段，其目的在于了解消费者和经销商经营、使用和再购买这种新产品的实际情况以及市场的大小，然后再酌情采取适当对策。

新产品试销应对以下问题做出决策。

a. 试销的地区范围。试销市场应是企业目标市场的缩影。

b. 试销时间。试销时间的长短一般应根据该产品的平均重复购买率决定，平均重复购买率高的新产品，试销的时间应当长一些，因为只有重复购买才能真正说明消费者喜欢新产品。

c. 试销中所要取得的资料。一般应了解首次购买情况（试用率）和重复购买情况（再购率）。

d. 试销所需要的费用开支。

e. 试销的营销策略及试销成功后应进一步采取的战略行动。

⑧ 商业性投放。

新产品试销成功后，就可以正式批量生产，全面推向市场。这时，企业要支付大量费用，而新产品投放市场的初期往往利润微少，甚至亏损，因此，企业在此阶段应对新产品投放市场的时机、区域、目前市场的选择和最初的营销组合等方面做出慎重决策。

5.2 实 训

5.2.1 实训1——如何根据消费者需求设计产品

5.2.1.1 实验目标

（1）学会针对目标市场消费者的需求进行产品设计。

（2）学会综合考虑产品的成本，根据消费者的偏好进行产品设计。

（3）熟悉产品的构成属性。

5.2.1.2 实验内容及步骤

（1）实验内容。

① 熟悉前面实验过程所得结果。

② 根据分析结果选择产品属性，进行产品设计。

（2）实验步骤。

步骤一：讲师端点击"任务进度控制"中的"进入第某季度经营"按钮。

步骤二：学员端开始经营。点击"研发部"按钮（见图5-1），在左上角点击"产品设计"按钮，弹出产品设计窗口（见图5-2）。公司技术总监（CTO）要研究给新产品命名，从屏幕尺寸、电池类型、照相功能、音频功能和扩展功能等方面进行产品功能的选择，点击"设计完毕"。

图 5-1　研发部

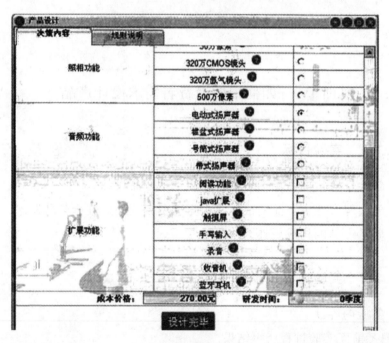

图 5-2　产品设计

不同消费群体具有不同的产品功能诉求，为了使产品获得更多消费者的青睐，每个公司需要根据这些功能诉求设计新产品。同时产品设计也将决定新产品的直接原料成本高低。一般来说，产品功能越多，直接原料成本就越高，生产周期也会越长。公司技术总监需参考消费者偏好和平衡产品原材料。

步骤三：进入主场景之后，点击右下角的"问号"，在商业背景环境中点击设计研发。相关信息体现了产品重要的功能组成，以及成本、功能描述。在进行产品设计时，要考虑制造成本以及消费者对产品各功能的喜爱程度。

产品的不同功能组成部分可以由不同的原材料组成，因而不同的消费者（时尚型、科技型、商务型和实用型，下同）对同一种产品甚至同一种原材料有着不一样的看法。

5.2.1.3 注意事项

（1）产品设计需要支付设计费用，设计一个产品，将支付 10000.0 元的设计费用。当公司现金不足时，设计将失败。

（2）产品设计前，研究消费者的喜好，以设计出符合消费者心理需求的最佳产品。

（3）产品设计时，选择不同的功能配置，产品成本和需要的研发时间也不尽相同。

（4）如果对所设计的产品不满意，可以在本季度内撤销，重新设计新产品。

5.2.1.4 思考与练习

怎样设计产品才能满足消费者的需求而不会使成本过高？

5.2.2 实训 2——如何进行品牌组合

5.2.2.1 实验目标

（1）学会如何进行品牌组合以满足不同的消费群体的需求。
（2）学会综合考虑产品的成本使公司利润实现最大化。
（3）学会如何进行品牌组合以占领更多的市场份额。

5.2.2.2 实验内容及步骤

（1）实验内容。
① 熟悉前面实验过程所得结果。
② 根据分析结果选择产品功能，进行品牌组合决策。
（2）实验步骤。

进入"研发部"点击左上角"产品设计"，根据消费群体（时尚型、科技型、商务型和实用型，下同）对产品功能的偏好，决策本公司要生产的不同产品类型，同时给产品命名，进行品牌组合，分别满足不同消费群体的需求。以下以满足四种类型消费群体为例进行说明。

公司根据功能诉求设计新产品后,需要对新产品进行研发。不同的产品设计,产品的研发周期不一样。新产品每期研发需支付 10000.00 元研发费用。

以下信息体现了产品重要的功能组成,以及制造成本、功能描述(见图 5-3)。我们在进行产品研发时,要考虑制造成本以及消费者对产品各功能的喜爱程度。

大类	名称	基础价格(元)	功能描述
屏幕尺寸	300*220	110.00	300mm*220mm屏幕尺寸,低端产品屏幕尺寸。
	320*240	130.00	320mm*240mm屏幕尺寸,当前主流屏幕尺寸。
	360*280	155.00	360mm*280mm屏幕尺寸,中高端屏幕尺寸。
	380*300	195.00	380mm*300mm屏幕尺寸,高端型号屏幕尺寸。
电池类型	碳锌电池	50.00	亦称为锌锰电池,是目前最普遍之干电池,它有价格低廉和使用安全可靠的特点,基于环保因素的考量,由于仍含有镉之成份,因此必须回收,以免对地球环境造成破坏。
	碱性电池	70.00	亦称为碱性干电池,适用于需放电量大及长时间使用。电池内阻较低,因此产生之电流较一般锰电池为大,而环保型含汞量只有0.025%,无须回收。
	镍氢充电电池	110.00	它是使用氧镍操作为阳极,以及吸收了氢的金属合金作为阴极,一般可进行500次以上的充放电循环。由于不含汞及镉之原料,不必回收。
	锂离子电池	160.00	锂离子电池具有质量轻、容量大、无记忆效应等优点,因而得到了普遍应用——现在的许多数码设备都采用了锂离子电池作电源。
照相功能	30万像素	60.00	30万像素摄像头。
	320万CMOS镜头	160.00	320万像素,CMOS认证镜头。
	320万氙气镜头	260.00	320万像素,氙气闪光灯以及防红颜功能的摄像头。
	500万像素	350.00	500万卡尔蔡司认证镜头。
音频功能	电动式扬声器	50.00	它利用音圈与恒定磁场之间的相互作用力使振膜振动而发声。电动式的低音扬声器以锥盆式居多,中音扬声器多为锥盆式或球顶式,高音扬声器则以球顶式和带式、号筒式为常用。
	锥盆式扬声器	90.00	能量转换效率较高。它使用的振膜材料以纸浆材料为主。
	号筒式扬声器	120.00	其特点是电声转换及辐射效率较高、距离远、失真小,但重放频带和指向性较窄。
	带式扬声器	170.00	其特点是响应速度快,失真小,重放音质细腻、层次感好。
扩展功能	阅读功能	35.00	阅读各种电子书。
	java扩展	35.00	java具有良好的扩展功能和兼容性,科技型人员喜爱研究JAVA。
	触摸屏	90.00	越来越多的人喜爱触摸屏功能。
	手写输入	55.00	手写输入极大提高了输入速度。
	录音	45.00	录音功能可以代替你随身携带的录音笔,适合商务人士使用。
	收音机	35.00	空闲时收听下广播,是个不错的选择。
	蓝牙耳机	35.00	蓝牙耳机比传统耳机更方便。

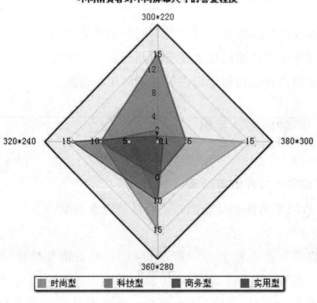

图 5-3 产品研发进度

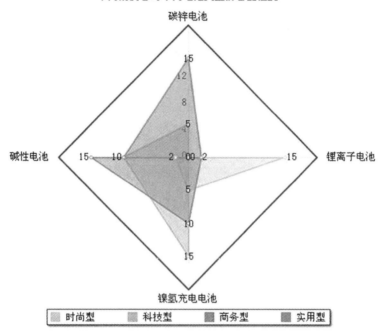

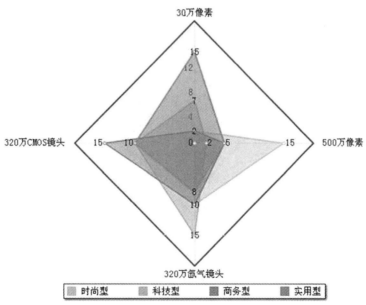

续图 5-3

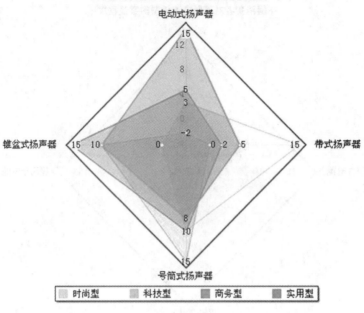

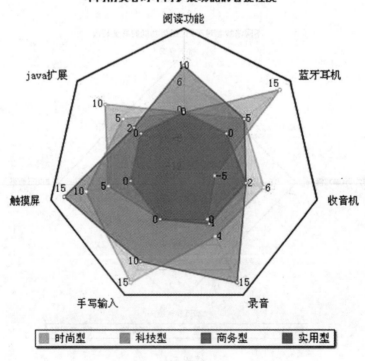

续图 5-3

针对前期对消费群体的调查结果决策，进行 4 种品牌的设计：Lenovo 主要满足实用型客户需求，Blackberry 主要满足时尚型客户需求，oppo 主要满足科技型客户需求，SAMSUNG 主要满足商务型客户需求。

① 满足实用型客户需求。功能配置、价格见图 5-4。

功能配置	价格（元）
300*220	100.00
碳锌电池	40.00
30 万像素	50.00
电动式扬声器	40.00
总价	230.00

图 5-4　Lenovo 功能配置、价格

设计理由：实用型客户对产品报价、产品渠道、产品促销比较敏感，对产品配置不敏感，他们精打细算，希望花最少的钱，买到自己心爱的商品。要求电池价格低廉，使用起来安全可靠。对像素大小没有太多关注，对音频功能要求不高，只要便宜实惠就好。手机的扩展功能会增加他们一点点的好感，但是也没有很大的影响。

② 满足时尚型客户需求。功能配置、价格见图 5-5。

功能配置	价格（元）
320*240	120.00
媒氢充电电池	100.00
320 万 CMOS 镜头	150.00
带式扬声器	160.00
阅读功能	25.00
触摸屏	80.00
手写输入	45.00
录音	35.00
总价	715.00

图 5-5　Blackberry 功能配置、价格

设计理由：时尚型客户喜欢具有时尚外观的商品，所以在选择手机屏幕时，更喜欢高端屏幕尺寸的类型。注重产品的环保性能，并且要求电池充放电循环次数在 500 次以上。喜欢用手机照相，像素越高，他们越喜欢。他们追求有品质的生活，对音频要求失真少，音质细腻、层次感好。他们喜欢触摸屏功能。手写输入对他们也比较有吸引力。

③ 满足科技型客户需求。功能配置、价格见图 5-6。

功能配置	价格（元）
碱性电池	60.00
380*300	185.00
320万氙气镜头	250.00
电动式扬声器	40.00
java 扩展	25.00
蓝牙耳机	25.00
总价	585.00

图 5-6 oppo 功能配置、价格

设计理由：科技型用户追求经济、实用的外观，青睐中高端屏幕尺寸。希望电池能够放电量大并且长时间使用。320 万像素镜头或者更高像素的镜头都比较能满足他们的需求。对音频有要求，希望扬声器的振膜材料以纸浆材料为主。对手机的扩展和兼容功能非常看重。尤其以 java 扩展功能为首。非常看重蓝牙耳机提供的便利性。

④ 满足商务型客户需求：功能配置、价格见图 5-7。

功能配置	价格（元）
380*300	185.00
锂离子电池	150.00
500 万像素	340.00
带式扬声器	160.00
阅读功能	25.00
java 扩展	25.00
触摸屏	80.00
手写输入	45.00
录音	35.00
收音机	25.00
蓝牙耳机	25.00
总价	1095.00

图 5-7 SAMSUNG 功能配置、价格

设计理由：商务型客户对外观没有太多要求，他们青睐当前主流屏幕尺寸。对电池类型非常看重，要求电池能长时间使用，高像素镜头是他们的首选。商

务人士对音频功能要求高，确保响应速度快，失真小。对手机的阅读功能要求高。对触摸屏功能非常看重。他们喜欢手写功能，以便提高使用效率，节省时间。商务人士希望有录音功能，随时方便使用。

5.2.2.3 注意事项

（1）本课程下两个品牌的名称不能重复。
（2）一个公司无法设计两种配置完全相同的品牌。
（3）对于已经开始研发或研发完成的品牌，其设计是不可更改的。
（4）每个公司在经营期间最多可以累计设计5个品牌。
（5）品牌组合应注意公司现金流通状况，过多投入会影响公司运转资金，在做品牌组合时尽量考虑公司的全面运营。

5.2.2.4 思考与练习

（1）怎样进行品牌建立，开创品牌优势？怎样建立品牌战略？
（2）根据市场需求和公司实际情况，如何进行品牌组合决策？
（3）是否该使用多产品策略应对不同的目标市场？
（4）是否该使用多产品策略应对相同的目标市场？

5.2.3 实训3——产品研发

5.2.3.1 实验目标

（1）学会针对目标市场实际需求状况，决定是否进行产品研发。
（2）学会综合考虑产品的成本、消费者的偏好以及推出市场的速度进行产品研发。

5.2.3.2 实验内容及步骤

（1）实验内容。
① 熟悉前面实验过程所得结果。
② 根据分析结果，进行产品研发。
（2）实验步骤。
进入"研发部"点击"产品研发"，选择需要研发的产品，点击"投入研发"，见图5-8。

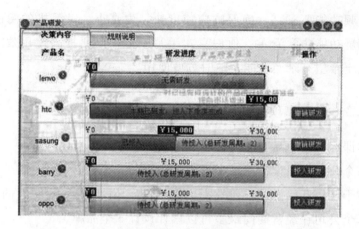

图 5-8　产品研发进度

5.2.3.3　注意事项

（1）产品设计不同，产品的研发周期不一样。
（2）新产品每期研发需支付 15000.00 元研发费用。

5.2.3.4　思考与练习

如何综合考虑产品的成本、消费者的偏好以及推出市场的速度进行产品研发？

5.2.4　实训 4——生产线管理（购买固定资产）

5.2.4.1　实验目标

（1）了解生产设备购买价格、设备产能。
（2）学会选择合适的生产线进行生产以及生产线的搭配。

5.2.4.2　实验内容及步骤

（1）实验内容。
建立合适的生产线进行产品生产。
（2）实验步骤。
进入"制造部"，点击"固定资产"，选择设备类型点击"购买"。

5.2.4.3 注意事项

设备分为四种不同规格,每种设备价格不同,产能也不同,经营者可以根据公司具体情况来进行生产线的购买和管理。

(1) 购买价格。购买设备所要支付的费用。

(2) 设备产能。设备产能是指在同一个生产周期内最多能投入生产的产品数量。

(3) 维护费用。当设备不处于安装周期时,每季度需支付设备维护费用,该费用在每期期末自动扣除。

5.2.4.4 思考与练习

(1) 怎样购置合理的生产线以保障产品的生产?

(2) 在购置生产线的同时注意公司流动资金,如何确保公司资金正常运转?

5.2.5 实训5——产品生产和配送

5.2.5.1 实验目标

(1) 学会制订生产计划。

(2) 掌握产品配送。

5.2.5.2 实验内容及步骤

(1) 实验内容。

① 制订生产计划。

② 产品配送。

(2) 实验步骤。

步骤一:生产投入。进入"制造部",点击"产品生产",选择生产设备、选择生产的产品和生产数量。

步骤二:产品配送。进入"制造部",点击"产品配送",选择目标市场、配送产品以及配送数量。

5.2.5.3 注意事项

(1) 成品率。将一批固定数量的原料投入到设备中后,在加工成产品的过程中会产生部分次品。

(2) 安装周期。设备自购买当期开始到设备安装完成所需的时间。

(3) 生产周期。原料投入直到产品下线所需的时间。

(4) 单件加工费。加工每一件成品所需的加工费用。

(5) 产品报价。在进行产品配送之前需要进行产品报价。

5.2.5.4 思考与练习

怎样设置适当的计划产量？

本章小结

通过本章的学习，了解以下内容。

产品管理，是将企业的某一部分（可能是产品、产品线、服务、品牌等）视为一个模拟企业所做的企业管理，目标是要实现长期的顾客满意及竞争优势。

产品管理可能包括但并不完全等同于项目管理、新产品开发或销售支援。

产品管理的本质思想是：授权、承包责任制。

产品生命周期管理是一种先进的企业信息化思想，它让人们思考，在激烈的市场竞争中，如何用最有效的方式和手段来为企业增加收入和降低成本。

2018年"学创杯"湖北省赛照片

第6章
渠道管理

◆ 学习目标
1. 了解分销渠道的含义以及分类。
2. 熟悉分销渠道的区别和选择。
3. 开展各个渠道市场模拟经营。

6.1 相关理论知识

6.1.1 分销渠道的含义

所谓分销渠道,就是指某种产品和服务在从生产者向消费者转移过程中,取得这种产品和服务的所有权或帮助所有权转移的所有企业和个人。因此,分销渠道包括商人中间商和代理中间商,此外还包括处于渠道起点和终点的生产者和最终消费者或用户。

6.1.2 分销渠道基本模式

6.1.2.1 消费品的销售渠道模式

消费品的销售渠道模式概括起来有以下五种。

（1）生产者—消费者。

这是最短的销售渠道，也是最直接、最简单的销售方式，它包括前面介绍过的人员推销中将产品直接销售给最终用户或消费者的部分，以及生产企业自己开办的试销门市部、销售经理部或零售商店等。

（2）生产者—零售商—消费者。

这是最常见的一种销售渠道，在食品、服装、家具及一些半耐用品的销售中被广泛使用。零售商的范围很广，包括较大的百货公司、超级市场、邮购商店，也包括为数众多的小商亭和摊点。

（3）生产者—批发商—零售商—消费者。

如果生产企业需要将其产品大批量出售，或需要在较大的范围内通过不同类型的零售商出售，它就有可能不直接与零售商联系，而是通过批发商把产品迅速转移到零售商手中，最后由零售商销售给消费者。

（4）生产者—代理商—零售商—消费者。

在某些情况下，许多企业也常常通过经纪人或代理商将产品转移给零售商，再由零售商向消费者出售。

（5）生产者—代理商—批发商—零售商—消费者。

这是最长、最复杂、销售环节最多的一种销售渠道，生产企业要通过代理商将产品转移给批发商，由批发商分配给零售商，再出售给消费者。

6.1.2.2　工业品销售渠道模式

工业品一般有四种销售渠道模式。

（1）生产者—最终用户。

这种销售渠道是工业品生产企业产品销售的主要选择，尤其是生产大型机器设备的企业，大都直接将产品销售给最终用户

（2）生产者—经销商—最终用户。

通过工业品经销商将产品出售给最终用户的生产者，往往是那些生产普通机器设备及附属设备的企业。

（3）生产者—代理商—最终用户。

如果生产企业要开发情况不够熟悉的新市场，设置销售机构的费用太高或缺乏销售经验，也许先在当地寻找一个代理商为企业销售产品更为合适。

（4）生产者—代理商—经销商—最终用户。

选择这种销售渠道与上一种有相同的前提，如果再加上市场不够均衡，有的地区用户多，有的地区用户少，就有必要利用经销商分散存货。

6.1.3 分销渠道的结构

6.1.3.1 长渠道和短渠道

渠道的级数表示了渠道的长度。级数越多,渠道越长;级数越少,渠道越短。如何来选择分销渠道?是选择短渠道为好?还是选择长渠道为好?任何厂商都不能随心所欲地选择分销渠道,而是要根据具体情况选择分销渠道。分销渠道的选择要受到一系列微观因素和宏观因素的制约。具体因素有:

① 产品因素;
② 市场因素;
③ 中间商状况;
④ 厂商本身条件;
⑤ 环境因素。

从生产者视角看,渠道级数越多,控制就越困难,所以要尽量减少不必要的级数,选择短渠道。但也要视具体的情况来选择分销渠道,对有些企业来说,选择较长的分销渠道也有其客观必然性,要做具体分析。

分销渠道的模式可以选择一种,也可以选择多种。但在多种分销渠道模式中要确定主要的分销渠道。

6.1.3.2 宽渠道和窄渠道

分销渠道的选择不仅要设计具体的分销渠道形式,还要确定分销面的大小,即宽渠道和窄渠道的选择。

宽渠道是指企业使用的同类中间商很多,分销面广泛。而窄渠道是指企业使用同类中间商很少,分销面狭窄,甚至一个地区只由一家中间商统包。在进行中间商数目即分销面选择中,根据产品、市场、中间商、企业的具体情况,可以考虑三种分销策略的运用,即"广泛性分销""选择性分销""独家分销"策略。

6.1.4 中间商的选择

在多种分销渠道模式中,都是以中间商作为中介。在中间商中,无论是零售商,还是批发商和代理商,在产品销售中都有各自的优势和劣势,这就要求进行比较,选择最有优势的中间商,作为主要的分销渠道。

在选择中间商时，需要对中间商进行评估。具体评估的因素有：
① 合法建议资格；
② 目标市场定位；
③ 地理位置；
④ 营销策略；
⑤ 销售能力；
⑥ 服务水平；
⑦ 储运能力；
⑧ 财务状况；
⑨ 企业形象；
⑩ 管理水平。

根据最优化原则，选择最有实力、最善于销售、最守信誉的中间商，作为企业的合作伙伴，本着双赢的原则，把分销渠道落到实处。

6.1.5 中间商的类型

广义的中间商不仅包括批发商、零售商、经销商和代理商，还包括银行、保险公司、仓库、运输商、进出口商等对产品不具备所有权，但帮助了销售活动的单位和个人。这里我们着重介绍零售商、批发商、代理商和经销商。

6.1.5.1 零售商

零售是指直接向最终消费者销售商品和服务的活动。一切向最终消费者直接销售商品和服务，以用作个人及非同业性用途的行为均属零售的范畴，不论从事这些活动的是哪些机构，也不论采用何种方式或在何地方把商品和服务售出。销售业务主要来自零售的商业机构或个人叫零售商。

零售商处在商品流通的最终阶段，其从生产企业或批发商处购进商品，然后把商品销售给最终消费者。其主要功能是收购、储存、拆零、分装、销售、传递信息、提供销售服务等，在时间、地点、方式等方面方便购买，促进销售。

零售商的类型随着新的组织形式的出现而不断增加。按所有制划分，可以分为国营零售商、集体零售商、合资与合作零售商、私营零售商和个体零售商；按经营规模划分，可分为大型零售商、中型零售商和小型零售商；按经营商品的范围，可分为综合性零售商和专业性零售商；按营销方式，可分为店铺零售商和无店铺零售商。在这里，我们只研究店铺零售商和无店铺零售商。

（1）店铺零售商。

店铺零售商是指那些有固定的供顾客选择商品的营业场所的零售商。目前，多数商品是通过店铺零售商销售的。店铺零售商有多种类型，按照服务水平，可分为完全服务零售商、有限服务零售商、自我挑选零售商和自我服务零售商。按经营特点划分，主要有以下 8 种。

① 百货商店。

百货商店是指以经营日用百货、服装鞋帽、食品饮料、文化用品、家庭用品等为主要品种的综合性商店。其特点是经营范围广，服务项目多，顾客去一家商店可以买到所需的大部分商品，并可得到良好服务，因而成为我国许多地方采用的主要销售方式之一。

② 专业商店。

专业商店是指销售某一产品大类或满足某一特定顾客群需求的专业化商店，如钟表店、妇女用品商店等。其特点是经营的产品线较为狭窄，但经营范围内产品的花色品种较为齐全；服务的项目较多，售前、售中、售后均有良好服务。

③ 方便商店。

方便商店是设在居民区附近的小型商店。这类商店的特点是营业时间长，经营的品种主要是周转率高的方便商品。由于这类商店的设施少，所经营的商品不需要特殊的包装和只提供有限服务，因而价格比百货商店略低或与其相近。

④ 超级市场。

超级市场是经营规模较大、成本较低、毛利较低、销售量较大的自我挑选式零售机构。这类零售机构的特点是营业面积大，经营品种多，产品价格低，营业时间长，配套设施全，顾客可自行挑选满意的商品。该零售方式深受大量低收入者欢迎。

⑤ 仓储商店。

仓储商店是一种没有虚饰、给顾客折扣优待、服务项目较少的商店类型。其特点是营业面积大，设施少，地点多设在城乡接合部，产品由购买者自行挑选，商品售价低于其他零售店。这种商店对于那些购买量大者有较强的吸引力。

⑥ 折扣商店。

折扣商店是一种以较低的价格销售标准商品的商店类型。其特点是远离市中心，房租较低；营业设施少，设备费用低；突出销售全国性品牌，质量有保证；销售中顾客自我服务，销售价格低于传统商店。这种商店能吸引大批距离较远的顾客前往购买。

⑦ 连锁店。

连锁店是由众多同行业的零售店按照统一的原则形成一体，在同一商业形象下从事经营的一种商店类型。这是一种多家商店联合在一起的零售组织形式，其特点是分布面广，规模大，至少要有10家店铺，商品销售价格低；所有的商店实行统一、规范的管理，统一采购，统一配货，统一价格，统一服务标准，统一销售政策；商店设在居民集中的地方，方便了消费者购买。

根据商店的产权关系，连锁店又可分以下三种具体形式。

a. 正规连锁店。

正规连锁店又叫"直营连锁店"，是指在总部建立多个店铺形成的连锁。总部对各连锁店拥有全部的所有权和经营权，实行高度统一的管理，在价格上低于具有同等服务水平的其他商店。这是因为其大规模经营，进货和运输成本均低；人员素质高，销售效率高；流通环节少，节约了流通费用；统一促销，各店分担的促销费较低。

b. 特许连锁店。

特许连锁店又叫"契约连锁店""加盟连锁店"，是指特许权人以合同的方式，与加盟者联合形成的零售组织。特许连锁店形成的基础是特许权人拥有独特的产品、服务、商标、专利、专有技术等。其特点是所有权分散，经营权集中，并具有正规连锁的优势，深受加盟者和消费者欢迎。

c. 自愿连锁店。

自愿连锁店是指由批发商牵头，各商店在自愿的基础上组合而成的独立零售商店集团。其特点是统一采购、分散销售，因而降低了销售价格。

⑧ 消费合作社。

消费合作社是一种消费者自身拥有的零售商店。这类零售商店设在居民区内，主要为本区的居民服务。其特点是销售价格较低。

（2）无店铺零售商。

无店铺零售商是指那些没有固定的供顾客选择商品的营业场所的零售商。无店铺零售商有直接销售、直复营销和自动售货三种类型。

① 直接销售。

作为零售商的直接销售有两种类型：一种是制造商在各地设置销售分公司或专卖店；另一种是传销。外国的传销是多层传销，即用层层发展消费者作为传销人员来扩大商品销售的零售方式。其过程是：传销公司发展购买者作为传销员，由他们通过口头相传的方式传播产品信息，发展新的购买者为传销员，再由他们通过口头相传的方式传播产品信息……传销人员的报酬来自所销售商品的一定比例的折扣，并从其发展的其他传销人员的业绩中取得一定比例的奖励。采用传销方式的主要是保健品、化妆品及部分日用品等。在我国，禁止传销活动。

② 直复营销。

直复营销是指企业运用一种或多种广告媒体向顾客介绍产品，以求顾客产生积极反应，从而达到交易目的的营销方式。具体做法是：零售商选择媒体做广告介绍商品，顾客可通过信函、电报、电话订货，经营者组织送货或邮寄交货。直复营销的具体形式有以下几种。

a. 邮寄目录。零售商向选好的顾客邮寄商品目录，顾客用信函或电话订货，零售商把货物送去或寄去。

b. 直接邮购。零售商确定各种潜在顾客的名单后，将邮件广告寄给他们，顾客根据需要订货。

c. 电话营销。利用电话推销商品并接受订单。

d. 电视营销。通过电视广告节目或图文电视向顾客介绍产品，顾客通过电话订购商品。

e. 网络营销。利用计算机网络系统，向广大顾客传递信息，顾客可在自己的网络终端订货，零售商根据用户的要求送货。

③ 自动售货。

自动售货即使用硬币控制的机器自动销售商品。自动售货的优点是营业时间长，24小时售货，从而方便了购买；自动服务，不需要售货人员。缺点是售货机的价格昂贵，因而用其销售的商品价格较高。

6.1.5.2 批发商

批发商是将产品大批量购进，又以较小批量再销售给企业或其他商业组织的中间商。其经营特征是批量大，与最终消费者不发生直接的购销关系（批发兼零售除外）。批发商按不同的标准可以划分为不同的类型。

（1）按经营商品种类的多少，可分为一般批发商和专业批发商。一般批发商的特点是经营商品种类繁多，如百货批发站；专业批发商则经营某一类或几类商品，如五金电器批发公司等。

（2）按服务地区范围大小，可分为全国批发商、区域批发商和地方批发商。分别担负全国性的商品批发业务、一个省（区、市）范围的批发业务和某一市、县的批发业务。

（3）按是否拥有商品所有权，可分为经销批发商和代理批发商。前者是指拥有商品所有权的批发商，后者是指不拥有商品所有权的批发商。

(4) 按服务的内容，可分为综合服务批发商和专业服务批发商。综合服务批发商的特点是对生产者、零售商或用户提供各种市场服务。专业服务批发商又可分为以下三种。

① 承运批发商。

其特点是仅设营业场所，不设仓库，根据零售商用户的订单，从生产企业取得货物后直接运送给购买者。

② 货车贩运批发商。

其特点是仅负责把从生产企业批发来的商品尽快运送给零售商或用户。

③ 现货自运批发商。

其特点是用低档价售货，但商品由购买者自行运输。

批发商的主要作用有三个：一是通过集中购买，使生产者及时实现商品的价值，提高资金周转率，加速再生产过程；二是通过广泛的批量销售，为生产者推销商品，从宏观上反馈市场销售信息，同时为零售商提供多样化的商品，节约进货时间、人力和费用；三是通过商品的运转和储存，延展商品的市场，有利于实现均衡消费，并为生产者分担信贷资金和商品销售中的风险。

6.1.5.3 代理商

代理商是指接受生产者委托从事商品交易业务，对商品有经营权但不具有所有权，按代销额取得一定比例报酬的中间商。代理商既有从事批发业务者，也有从事零售业务者。其特征是本身不发生独立的购销业务，也不承担市场风险。按其与生产企业的业务联系，可分为以下三种类型。

(1) 制造商的代理商。

制造商的代理商又称生产代理商，是受生产企业的委托，签订销货协议，负责在一定区域内代销企业产品的中间商。这种代理商类似于生产企业的推销人员，本身可不设仓库，只负责推销产品，由顾客直接向生产企业提货。生产企业可同时委托若干个代理商分别在不同地区推销其产品，本企业也可参与某一地区的直接销售业务。

(2) 销售代理商。

销售代理商受生产企业委托负责代销其全部产品，不受地区的限制且有一定的售价决定权。但一个生产企业同时只能委托一家销售代理商，即独家代理，生产企业本身也不能再进行直接的销售活动。因此，销售代理商要对生产企业承担较多的义务，这一般要在代理协议中严格规定。

(3) 佣金商。

佣金商一般与委托人没有长期关系，主要从事农产品的营销业务。佣金商受托于那些不愿意自己出售产品和不属于生产合作社的农场主。佣金商对农场主委托销售的货物通常有较大的经营权，佣金商收到农场方运来的货物或自己用卡车将农产品运送到中心市场，有权不经委托人同意，以自己的名义，以当时可能获得的最好价格出售，因为佣金商经营的是蔬菜、水果等易腐商品。扣除佣金和各项开支后，余款汇给委托人。

代理商是生产企业开拓市场、促进销售的有力助手，可以帮助企业增强竞争力，减少商业风险，保持市场占有率，同时也是为企业收集和传递市场信息的便利渠道。但是，由于通过代理商推销商品时，推销量难以把握、不够稳定，而且推销风险几乎全部由生产企业承担，所以代理商不能替代批发商和零售商的作用。

6.1.5.4 经销商

经销商是指从事商品交易，在商品买卖过程中拥有商品所有权的中间商。经销商用自己的资金和信誉进行买卖业务，是为卖而买，承担经营过程中的全部风险。

6.2 实训——"营销之道"涉及的几种分销渠道选择

6.2.1 实验目标

(1) 了解"营销之道"的主要分销渠道。
(2) 如何建设各种分销渠道。
(3) 各分销渠道在"营销之道"中的作用。

6.2.2 实验内容及步骤

6.2.2.1 实验内容

(1) 互联网市场建设。
(2) 专卖店的建立。
(3) 区域市场和国际市场的建立。

6.2.2.2 实验步骤

步骤一：互联网渠道建设。点击进入"市场部"（见图6-1），点击"市场开发"，再点击"网络店铺维护"（见图6-2），在互联网渠道建设中开设互联网渠道。

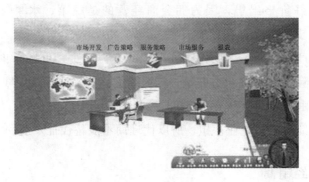

图 6-1　市场部

图 6-2　网络店铺维护

步骤二：专卖店开设新店。点击进入"直销部"（见图6-3），点击"专卖店"，进入"开设新店"（见图6-4）。选择要进入的目标市场，选择开设地段以及安排人数（见图6-5）。

图 6-3　直销部

图 6-4　专卖店

图 6-5　专卖店的开设

步骤三：在专卖店中点击"店铺装修"，在店铺装修中选择要装修的层次和所需要配置的人员（见图 6-6）。

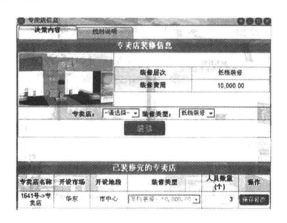

图 6-6　店铺装修

温馨提示

① 专卖店必须在国内已经开设的市场内开设，如果市场没有开设，则在这个市场内的专卖店就不允许开设。

② 在不同的市场内开设的费用和每期的维护费用是不同的。

③ 专卖店与其他销售渠道最大的不同之处在于专卖店有专卖店装修和专卖店地段的选择。不同的消费群体看事物的关注点不同。一些消费群体把专卖店的装修程度作为最重要的因素，因为有些人认为专卖店的

装修越好，里面的产品就会越好。一些消费群体把专卖店所在地段作为最重要的因素，因为他们相信专卖店所在地段越繁华，里面的商品就越好。但是也有一些消费群体对专卖店所卖的商品不是很喜欢。

步骤四：在"市场部"中点击"市场开发"，再点击"市场渠道开发"，点击要开发的区域市场和国际市场。

6.2.3　注意事项

（1）产品的渠道不是越多越好，注意选择适合自己的渠道。
（2）不同的渠道，其经营费用、影响力和覆盖率是不同的。
（3）渠道启动后，系统会按照时间的推移扣除相应的成本。
（4）根据公司资金对专卖店的设置和装修进行合理的安排。

6.2.4　思考和练习

（1）在实际生活中，如何利用渠道商把自己的产品销售到全国各地？
（2）各种渠道适应不同类型的产品，如何建立最合适的渠道？
（3）如何进行专卖店店铺选址和店铺装修，以吸引更多的消费者？

本章小结

通过本章的学习，了解以下内容。

渠道管理是指制造商为实现公司分销的目标而对现有渠道进行管理，以确保渠道成员间、公司和渠道成员间相互协调和合作的一切活动，其意义在于共同谋求最大化的长远利益。

渠道管理分为选择渠道成员、激励渠道、评估渠道、修改渠道、退出渠道。

生产厂家可以对其分销渠道实行两种不同程度的控制，即绝对控制和低度控制。

2019年"学创杯"决赛照片

第 7 章
产品定价

◆ 学习目标
1. 了解产品价格的影响因素。
2. 熟悉各个渠道的定价策略。

7.1 相关理论知识

7.1.1 影响企业定价的主要因素

7.1.1.1 影响企业定价的内部因素

影响企业定价的内部因素包括定价目标、产品成本、产品差异性和企业的销售能力。

(1) 定价目标。

定价目标是指企业在对其生产或经营的产品制定价格时,有意识地要求达到的目的和标准。它是指导企业进行价格决策的依据。企业的定价目标规定了其定价的水平和目的。某一个产品的定价目标最终取决于企业的经营目标。一般来说,企业定价目标越清晰,价格越容易确定。而价格的设定,又影响到利润、销售收入以及市场占有率的实现。因此,确定定价目标,是制定价格的前提。

不同行业的企业，同一行业的不同企业，以及同一企业在不同的时期、不同的市场条件下，都可能有不同的定价目标。企业应根据自身的性质和特点，权衡各种定价目标的利弊而加以取舍。

① 以获取利润为目标。

获取利润是企业从事生产经营活动的最终目标，具体可通过产品定价来实现。获取利润目标一般分为以下三种。

a. 投资收益定价目标。投资收益定价目标，是指使企业实现在一定时期内能够收回投资并能获取预期的投资报酬的一种定价目标。采用这种定价目标的企业，一般是根据投资额规定的收益率，计算出单位产品的利润额，加上产品成本作为销售价格。必须注意以下两点。第一，要确定适度的投资收益率。一般来说，投资收益率应该高于同期的银行存款利率，但不可过高，否则消费者难以接受。第二，企业生产经营的必须是畅销产品，与竞争对手相比，产品具有明显的优势。不然，产品卖不出去，预期的投资收益也就不能实现。

b. 合理利润定价目标。合理利润定价目标，是指企业为避免不必要的价格竞争，以适中、稳定的价格获得长期利润的一种定价目标。采用这种定价目标的企业，往往是为了减少风险，保护自己，或限于力量不足，只能在补偿正常情况下平均成本的基础上，加上适度利润作为产品价格。条件是：企业必须拥有充分的后备资源，并打算长期经营。临时性的企业一般不宜采用这种定价目标。

c. 最大利润定价目标。最大利润定价目标，是指企业追求在一定时期内获得最高利润额的一种定价目标。利润额最大化取决于合理价格所推动的销售规模，因而追求最大利润的定价目标并不意味着企业要制定最高单价。最大利润既有长期和短期之分，又有企业全部产品和单个产品之别。有远见的企业经营者，都着眼于追求长期利润的最大化。当然并不排除在某种特定时期及情况下，对其产品制定高价以获取短期最大利润。还有一些多品种经营的企业，经常使用组合定价策略，即有些产品的价格定得比较低，有时甚至低于成本以招徕顾客，借以带动其他产品的销售，从而使企业利润最大化。

② 以提高市场占有率为目标。

市场占有率是一个企业经营状况和企业产品在市场上竞争能力的直接反映，关系到企业的兴衰存亡。较高的市场占有率，可以保证企业产品的销路，巩固企业的市场地位，从而使企业稳步增长。

以提高市场占有率为目标定价，企业通常有两种做法：即定价由低到高和定价由高到低。定价由低到高，就是在保证产品质量和降低成本的前提下，企业入市产品的定价低于市场上主要竞争者的价格，以低价争取消费者，打开产品销路，抢占市场，从而提高企业产品的市场占有率。待占领市场后，企业再通过增加产品的某些功能或提升产品的质量等措施来逐步提高产品的价格，旨在维持一定市场占有率的同时获取更多的利润。定价由高到低，就是企业对一些竞争尚不激烈的产品，入市时定价高于竞争者的价格，利用消费者的求新心理，在短期内获取较高利润。待竞争激烈时，企业可适当调低价格，赢得主动，扩大销量，提高市场占有率。

③ 以应付和防止竞争为目标。

企业对竞争者的行为十分敏感，尤其是价格的变动状况更甚。事实上，在市场竞争日趋激烈的形势下定价，都要广泛收集资料，仔细研究竞争对手的产品和价格情况，然后有意识地通过自己的定价目标去应付竞争对手。根据企业的不同条件，一般有以下四种决策可选择：

a. 实力较弱的企业，应采用与竞争者相同或略低的价格出售产品；

b. 实力较强的企业，同时又想扩大市场占有率，可采用低于竞争者的价格出售产品；

c. 实力雄厚并拥有特殊技术或产品品质优良或能为消费者提供更多服务的企业，可采用高于竞争者的价格出售产品；

d. 为了防止其他竞争者加入同类产品的竞争行列，在一定条件下，往往采用低价入市的方法，迫使弱小企业无利可图而退出市场或阻止竞争对手进入市场。

④ 以树立和维护企业形象为目标。

良好的企业形象是企业的无形资产和宝贵财富，也是企业经过长期努力后，在消费者中具有一定声望和地位的结果。因此，企业对此不可小视。企业形象同样也体现在定价决策中。以树立和维护企业形象为定价目标，首先，要考虑价格水平能否被目标消费群体所接受，是否有利于企业整体策略的有效实施。其次，产品价格要使人感到质价相称，货真价实。从定价整体策略而言，应具有一定特色，或以价廉物美著称，或以价格稳定见长。还有，企业定价要依照社会和职业道德规范，不能贪图企业一时的蝇头小利而损害消费者的利益，自损信誉，自毁形象。另外，企业定价还要符合国家宏观经济发展目标，自觉遵守政策指导和法律约束。

（2）产品成本。

成本核算是定价行为的基础。企业要维持生产经营活动，就必须通过市场销售收回成本，并在此基础上形成盈利。产品成本是企业制定价格时的最低界限，即成本价格。低于成本出售产品，企业不可避免地要产生亏损，时间一长，企业的营销就难以为继。在市场竞争中，产品成本低的企业拥有制定价格和调整价格的主动权和较好的经济效益；反之，就会在市场竞争中处于不利地位。

(3) 产品差异性。

所谓产品差异性，是指产品具有独特的个性，拥有竞争者不具备的特殊优点，从而与竞争者形成差异。产品差异性不仅指产品实体本身，而且包括产品设计、商标品牌、款式和销售服务方式的特点。拥有差异性的产品，其定价灵活性较大，可以使企业在行业中获得较高的利润。这是因为：一方面，产品差异性容易培养顾客（客户）忠诚度，使顾客（客户）产生对品牌的偏爱，从而接受企业定价；另一方面，产品差异性可抗衡替代品的冲击，从而保持企业有利地位，使价格敏感性相对减弱。

(4) 企业的销售能力。

可以从两个方面来衡量企业的销售能力对定价的影响。一方面，企业销售能力差，对中间商依赖程度大，那么企业最终价格决定权所受的约束就大；另一方面，企业独立开展促销活动的能力强，对中间商依赖程度小，那么企业最终价格决定权所受的约束就小。

7.1.1.2 影响企业定价的外部因素

影响企业定价的外部因素主要包括消费者需求、政府力量和竞争者力量。

(1) 消费者需求。

消费者需求对企业定价的影响可从以下三方面反映出来。第一，需求能力（即实际支付能力）。企业的产品定价应充分考虑消费者愿意并且能够支付的价格水平，它决定着企业产品在市场中的价格上限。第二，需求强度。即消费者想获取某种商品的欲望程度。消费者对某一产品的需求强度大，则其对价格的敏感性弱，反之亦然。第三，需求层次。不同需求层次的消费者对同一产品的需求强度不一样，因而对价格的敏感性亦有不同。一般来讲，高需求层次的消费者对价格的敏感性弱，反之亦然。而对于高需求层次的市场定位，则应采取高价格政策与之相适应。

(2) 政府力量。

在当今市场经济舞台上，政府扮演着越来越重要的角色。作为国家与消费者利益的维护者和代表者，政府力量渗透到企业市场行为的每一个角落。在企业定价方面的政府干预，表现为一系列的经济法规，如西方国家的反托拉斯法、反倾销法等，在不同方面和不同程度上制约着企业的定价行为。这种制约具体地表现在企业的定价种类、价格水平等几个方面。因此，企业的价格政策必须遵循政府的经济法规。

(3) 竞争者力量。

企业定价无疑要考虑竞争者的价格水平。在市场经济中，企业间的竞争日趋激烈，竞争方式多种多样。其中最原始、最残酷的就是价格竞争，即价格大战。竞争的结果可能是整个行业的平均利润率降低。尽管如此，处于竞争优势的企业往往拥有较大的定价自由，而处于竞争劣势的企业则更多地采用追随性价格政策。所以，企业定价无时不受到竞争者定价行为的影响和约束。

7.1.2 定价方法

定价方法，是指企业在特定的定价目标指导下，依据对影响价格形成各因素的具体研究，运用价格决策理论，对产品价格进行测算的方法。定价方法的选择和确定是否合理，关系到企业定价目标能否实现和定价决策的最终成效。

(1) 成本导向定价法。

成本导向定价法是以企业的生产或经营成本作为制定价格依据的一种基本定价方法。按照成本定价的性质不同，又可分为以下几种。

① 完全成本定价法，是指以产品的全部生产成本为基础，加上一定数额或比率的利润和税金制定价格的方法。生产企业的完全成本是单位产品生产成本与销售费用之和，经营企业的完全成本则是进价与流通费用之和。

② 目标成本定价法，是指以期望达到的目标成本为依据，加上一定的目标利润和应纳税金来制定价格的方法。

③ 变动成本定价法，又称边际贡献定价法，是指在单位变动成本的基础上，加上预期的边际贡献计算价格的定价方法。

(2) 需求导向定价法。

需求导向定价法是以消费者对产品价格的接受能力和需求程度为依据制定价格的方法。它不以企业的生产成本为定价的依据，而是在预计市场能够容纳目标产销量的需求价格限度内，确定消费者价格、经营者价格和生产者价格。具体可分为以下几种方法。

① 可销价格倒推法，又称反向定价法，是指企业根据产品的市场需求状况，通过价格预测和试销、评估，先确定消费者可以接受和理解的零售价格，然后倒推批发价格和出厂价格的定价方法。

② 理解价值定价法，所谓理解价值，即消费者对产品价值的主观评判，它与产品的实际价值往往会存在一定的偏离。理解价值定价法，是指企业以消费

者对产品价值的理解为定价依据，运用各种营销策略和手段，影响消费者对产品价值的认知，形成对企业有利的价值观念，再根据产品在消费者心目中的价值地位来制定价格的一种方法。

③ 需求差异定价法，是指根据消费者对同种产品或劳务的不同需求强度，制定不同的价格和计费的方法。价格之间的差异以消费者需求差异为基础。其主要形式有：以不同消费群体为基础的差别定价；以不同产品式样为基础的差别定价；以不同地域位置为基础的差别定价；以不同时间为基础的差别定价。

（3）竞争导向定价法。

竞争导向定价法是以市场上竞争对手的价格作为制定企业同类产品价格主要依据的方法。这种方法适宜于市场竞争激烈、供求变化不大的产品。它具有在价格上排斥对手，扩大市场占有率，迫使企业在竞争中努力推广新技术的优点。一般可分为以下几种具体方法。

① 随行就市定价法，即与本行业同类产品价格水平保持一致的定价方法。这种"随大流"的定价方法，主要适用于需求弹性较小或供求基本平衡的产品。在这种情况下，单个企业提高价格，就会失去顾客；而降低价格，需求和利润也不会增加。所以，随行就市成为一种较稳妥的定价方法。它既可避免挑起价格竞争，减少市场风险，又可补偿平均成本，相互信任，获得适度利润，而且易为消费者接受。如果企业能降低成本，还可以获得更多的利润。因此，这是一种较为流行的定价方法，尤其为中小企业所普遍采用。

② 竞争价格定价法，即根据本企业产品的实际情况及与竞争对手的产品差异状况来确定价格。这种主动竞争的定价方法，一般为实力雄厚或产品独具特色的企业所采用。定价时，首先，将市场上竞争产品价格与企业估算价格进行比较，分为高于、等于、低于三种价格层次；其次，将本企业产品的性能、质量、成本、产量等与竞争企业进行比较，分析造成价格差异的原因；再次，根据以上综合指标确定本企业产品的特色、优势及市场地位，在此基础上，按定价所要达到的目标，确定产品价格；最后，跟踪竞争产品的价格变化，及时分析原因，相应调整本企业的产品价格。

③ 投标定价法，即在投标交易中，投标方根据招标方的规定和要求进行报价的方法。一般有密封投标和公开投标两种形式。主要适用于提供成套设备、承包建筑工程、设计工程项目、开发矿产资源或大宗商品订货等。

企业的投标价格必须是招标单位所愿意接受的价格水平。在竞争投标的条件下，投标价格的确定，首先要根据企业的主客观条件，正确地估算完成指标任务所需要的成本；其次要对竞争对手的可能报价水平进行分析预测，判断本企业中标的机会，即中标概率。企业中标的可能性或概率大小取决于参与投标竞争企业的报价状况。报价高，则中标概率小；报价低，则中标概率大；报价过低，虽中标概率极大，但利润可能很少甚至亏损，对企业并非有利。因此，如要使报价容易中标且有利可图，企业就要以投标最高期望利润为标准确定报价水平。所谓投标期望利润，就是企业投标报价预期可获得利润与该报价水平中标概率的乘积。例如，某企业准备参加某项工程的招标，在确定投标报价时，企业须根据同行业竞争对手的数量、实力及其可能采取的投标策略，预测分析本企业的报价、成本水平、预期利润、中标概率和期望利润等情况，从而选择最佳报价。

7.1.3　定价策略

7.1.3.1　价格折让策略

企业为了鼓励顾客及早付清货款、大量购买、淡季购买，还可以酌情降低基本价格。这种价格调整叫作价格折扣或折让。价格折扣或折让有以下五种。

（1）现金折扣。

现金折扣是企业给那些当场付清货款顾客的一种价格优惠。例如，顾客在30天内必须付清货款，如果10天内付清货款，则给予2%的折扣。

（2）数量折扣。

数量折扣是企业给那些大量购买某种产品的顾客的一种减价，以鼓励顾客购买更多的货物，因为大量购买能使企业降低生产、销售、储运、记账等环节的成本费用。例如，顾客购买某种商品100单位以下，每单位10元；购买100单位以上，每单位9元。这就是数量折扣。数量折扣可按每次购买量计算，也可按一定时间的累计购买量计算，在我国通常称为"批量差价"。

（3）功能折扣。

功能折扣又叫贸易折扣。功能折扣是制造商给某些批发商或零售商的一种额外折扣，促使他们愿意执行某种市场营销功能（如推销、储存等）。

（4）季节折扣。

季节折扣也称季节差价。制造商为保持均衡生产、加速资金周转和节省费用，鼓励客户淡季购买。例如：雪橇制造商在春夏季给零售商以季节折扣，以鼓励零售商提前订货；旅馆、航空公司等在营业额下降时给旅客以季节折扣。

（5）折让。

这是另一种类型的减价。例如，一辆小汽车标价为4000元，顾客以旧车折价500元购买，只需付给3500元，这叫作以旧换新折让。如果经销商同意参加制造商的促销活动,则制造商卖给经销商的货物可以打折扣,这叫作促销折让。

7.1.3.2 心理定价策略

(1) 声望定价。

声望定价是指企业利用消费者仰慕名牌商品或名店的心理来制定商品的价格,故意把价格定成整数或高价。质量不易鉴别的商品的定价最适宜采用此法,因为消费者有崇尚名牌的心理,往往以价格判断质量,认为高价代表高质量。但也不能高得离谱,使消费者不能接受。有报道称,在美国市场上,手工做的鞋很受欢迎。但质量好、价格低的中国货却竞争不过质量相对差、价格却高的韩国货,其原因是在很多美国人眼里,低价就意味着低档次。提到领带,人们会想到金利来;提到旅游鞋,人们会想到阿迪达斯、耐克;而提到服装,人们会想到皮尔卡丹。这些名牌产品不仅以质优高档而闻名于世,更以其价格昂贵而引人注目。

(2) 尾数定价。

尾数定价是保留小数点后的尾数,使消费者产生价格较廉的感觉,还能使消费者留下定价认真的印象,从而使消费者对定价产生信任感。这种方法多用于需求弹性较大的中低档商品。

(3) 招徕定价。

招徕定价利用部分顾客求廉的心理,特意将某几种商品的价格定得较低以吸引顾客。某些商店随机推出降价商品,每天、每时都有一至两种商品降价出售,吸引顾客经常来购买廉价商品,也以此推动正常价格商品的销售。

7.1.3.3 差别定价策略

所谓差别定价,就是根据交易对象、交易时间、交易地点等方面的不同,定出两种或多种不同价格,以适应顾客的不同需要,从而扩大销售,增加收益。但这种价格上的差异并非以成本的差别为基础。差别定价有以下四种形式。

(1) 按不同顾客差别定价。

企业按照不同的价格把同一种产品或劳务卖给不同的顾客群。例如,某汽车经销商按照价目表价格把某种型号的汽车卖给顾客 A,同时按照较低价格把同一种型号汽车卖给顾客 B。这种差别定价在有些国家要受到法律限制,即限制"价格歧视"。

(2) 按产品不同型号或形式差别定价。

企业对不同型号或形式的产品分别制定不同的价格，但是，不同型号或形式产品的价格之间的差额和成本费用之间的差额并不成比例。

(3) 按产品不同部位差别定价。

企业对于处在不同位置的产品或服务分别制定不同的价格，即使该产品或服务的成本费用没有任何差异。例如：剧院中，虽然不同座位的成本费用都一样，但是不同座位的票价有所不同；火车卧铺的上下铺票价不同等。

(4) 按不同销售时间差别定价。

企业对于不同季节、不同时期甚至不同钟点的产品或服务分别制定不同的价格。例如，旅游经营者在淡季和旺季分别制定不同的价格。

企业采取差别定价必须具备以下条件：

① 市场必须是可以细分的，而且各个市场部分须表现出不同的需求程度；

② 以较低价格购买某种产品的顾客没有可能以较高价格把这种产品倒卖给别人；

③ 竞争者没有可能在企业以较高价格销售产品的市场上以低价竞销；

④ 细分市场和控制市场的成本费用不得超过因实行价格差别所得额外收入，也就是说，不能得不偿失；

⑤ 价格差别不会引起顾客反感，放弃购买，影响销售；

⑥ 采取的价格差别形式不能违法。

7.1.3.4 新产品定价策略

一般来讲，新产品定价有两种策略可供选择。

(1) 撇脂定价策略。

撇脂定价策略即高价策略，是指在新产品投入市场时，将其价格尽可能定高，以攫取最大利润。企业之所以能这样做，是因为有些购买者主观认为某些商品具有很高的价值。从市场营销实践看，在以下条件下企业可以采取撇脂定价：

① 市场有足够的购买者，他们的需求缺乏弹性，即使把价格定得很高，市场需求也不会大量减少；

② 产品的质量与高价格相符；

③ 竞争者在短期内不易打入该产品市场。

(2) 渗透定价策略。

渗透定价策略即低价策略，它与撇脂定价策略相反，是将投入市场的新产品价格定得尽量低，使新产品迅速为顾客所接受，以迅速打开和扩大市场，在价格上取得竞争优势。从市场营销实践看，企业采取渗透定价策略需具备以下条件：

① 市场需求显得对价格较为敏感，因此，低价会刺激市场需求迅速增长；

② 企业的生产成本和经营费用会随着生产经营经验的增加而下降。

7.1.3.5 产品组合定价策略

当产品只是某一产品组合中的一部分时，企业必须对定价方法进行调整。这时企业要研究出一系列价格，使整个产品组合的利润实现最大化。各种产品之间存在需求和成本的相互联系，而且会带来不同程度的竞争，所以定价有时很困难。

（1）产品线定价。

企业通常开发出来的是产品线，而不是单一产品。当企业生产的系列产品存在需求和成本的内在关联性时，为了充分发挥这种内在关联性的积极效应，企业可采用产品线定价策略。在定价时，首先确定某种产品线中的产品；其次，确定产品线中某种商品的最高价格，它在产品线中充当品牌质量和收回投资的角色；再者，产品线中的其他产品也分别依据其在产品线中的角色不同而制定不同的价格。例如，松下公司设计出五种不同的彩色立体声摄像机，简单型的只有4.6磅（1磅＝0.4535924千克），复杂型的有6.3磅。包括自动聚焦、明暗控制、双速移动目标镜头等。产品线上的摄像机依次增加新功能，以获取高价。管理部门要确定各种摄像机之间的价格差距。制定价格差距时要考虑摄像机之间的成本差额，顾客对不同特征的评价，以及竞争对手的价格。如果价格差额很大，顾客就会购买价格低的摄像机。在许多行业，营销者都为产品线中的某种产品事先确定好价格点。例如男士服装店可能经营三种价格档次的男士服装：300元、600元和1000元。顾客会从三个价格点上联想到低、中、高三种质量水平的服装。即使这三种价格同时提高，顾客仍然会按照自己喜好的价格点来购买服装。营销者的任务就是确立认知质量差别，来使价格差别合理化。

（2）非必需附带产品定价。

许多企业在提供主要产品的同时，还会提供一些与主要产品密切相关的附带产品。如汽车用户可以订购电子开窗控制器、扫雾器和减光器等。但是，对非必需附带产品的定价是一件棘手的事。例如，汽车公司必须考虑把哪些附带产品计入汽车的价格中，哪些另行计价。这就需要根据市场的环境、购买者的偏好等因素认真分析。

例如，有的汽车制造商只对其普通汽车做广告，以吸引人们来汽车展示厅参观，而将展示厅的大部分空间用于展示昂贵的、特征齐全的汽车。有些饭店的酒价很高，食品的价格相对较低。食品收入可以弥补食品成本及其他成本，而酒类则可以带来利润。这就是为什么服务人员极力要求顾客买饮料的原因。还有饭店会将酒价定得较低，而对食品制定高价，来吸引饮酒的消费者。

（3）必需附带产品定价。

必需附带产品又称连带产品，是指必须与主要产品一同使用的产品。例如照相机和胶卷、计算机软件和硬件等都是不可分开的连带产品。生产主要产品（照相机和计算机）的制造商经常为产品制定较低的价格，同时对附属产品制定较高的价格。例如，柯达照相机的价格很低，原来它从销售胶卷上盈利。而那些不生产胶卷的照相机生产商为了获取同样的总利润，而不得不对照相机制定高价。如果补充产品的定价过高，就会出现危机。例如，卡特皮勒公司对其部件和服务制定了高价格，以便在售后市场中获取高额利润。该公司设备的加成率为30%，而部件的加成率有时达300%。这就给非法仿制者带来了机会，他们仿制这些部件，然后将其销售给那些不诚实的负责安装的技师。这些技师仍以原价计算，而不把节省的成本转让给顾客。这样，卡特皮勒公司的销售额下降了很多。卡特皮勒公司为了控制这种情况，劝说设备所有者只从被许可的经销商处购买部件，以保证设备的性能。很显然，该问题是由于制造商对售后市场的产品定价过高造成的。

（4）分部定价。

服务性企业经常先收取一笔固定费用，再收取可变的使用费。例如，电话用户每月都要支付一笔最少的使用费，如果使用次数超过规定，还要另交费。游乐园一般先收门票，如果游玩的地方超过规定，就再交费。一般而言，固定收费部分应较低，以推动人们购买，而收益则可以从使用费中获取。

（5）副产品定价。

在生产加工肉类、石油产品和其他化工产品的过程中，经常有副产品。如果副产品价值很低，处理费用昂贵，就会影响到主产品定价。制造商确定的价格必须能够弥补副产品的处理费用。如果副产品对某一顾客群有价值，就应该按其价值定价。副产品如果能带来收入，将有助于公司在迫于竞争压力时制定较低的价格。

（6）产品群定价。

为了促进销售，有时营销者不是销售单一产品，而是将相关联的产品组成一个群体，一并销售。例如，化妆品、计算机、假期旅游公司为顾客提供的一系列活动方案。这一组产品的价格低于单独购买其中产品的费用总和。顾客可能并不打算购买其中所有的产品,所以这一组合的价格必须有较大的降幅,来推动顾客购买。有些顾客不需要整个产品系列。假设一家医疗设备公司免费提供送货上门和培训服务。某一顾客要求免去送货和培训服务,以获取较低的价格。有时,顾客要求将产品系列拆开。在这种情况下,如果企业节约的成本大于向顾客提供其所需商品的价格损失,则公司的利润会上升。例如供应商不提供送货上门可节省 100 美元,这时向顾客提供的价格的减少额为 80 美元,则利润增加 20 美元。

7.1.3.6 地区定价策略

地区定价策略,是根据买卖双方地理位置的差异,考虑双方分担运输、装卸、仓储、保险等费用而分别制定不同价格的策略。主要有以下几种形式。

(1) 产地交货价格。

产地交货价格是指卖方按出厂价格交货或将货物送到买方指定的某种运输工具上交货的价格。在国际贸易术语中,这种价格称为离岸价格或船上交货价格。交货后的产品所有权归买方所有,运输过程中的一切费用和保险费均由买方承担。产地交货价格对卖方来说较为便利,费用最少,风险最小,但对扩大销售有一定影响。

(2) 目的地交货价格。

目的地交货价格是指由卖方承担从产地到目的地的运费及保险费的价格。在国际贸易术语中,这种价格称为到岸价格或成本加运费和保险费价格。还可分为目的地船上交货价格、目的地码头交货价格以及买方指定地点交货价格。

目的地交货价格由出厂价格加上产地至目的地的手续费、运费和保险费等构成,虽然手续较烦琐,卖方承担的费用和风险较大,但有利于扩大产品销售,提高市场占有率。

(3) 统一交货价格。

统一交货价格也称送货制价格,是指卖方将产品送到买方所在地,不分路途远近,统一制定同样的价格。这种价格类似于到岸价格,其运费按平均运输成本核算,这样,可减轻较远地区顾客的价格负担,易于管理。该策略适用于体积小、重量轻、运费低或运费占成本比例较小的产品。

(4) 分区运送价格。

分区运送价格也称区域价格,是指卖方根据顾客所在地区距离的远近,将产品覆盖的整个市场分成若干个区域,在每个区域内实行统一价格。这种价格介于产地交货价格和统一交货价格之间。实行这种办法,处于同一价格区域内的顾客，就得不到来自卖方的价格优惠；而处于两个价格区域交界地的顾客就得承受不同的价格负担。

（5）运费津贴价格。

运费津贴价格是指为弥补产地交货价格的不足，减轻买方的运输费、保险费等负担，由卖方补贴其部分或全部运费。该策略有利于减轻偏远地区顾客的运费负担，使企业保持市场占有率，并不断开拓新市场。

7.2 实 训

7.2.1 实训1——互联网如何制定定价策略

7.2.1.1 实验目标

（1）学会针对互联网市场进行产品报价和制定促销策略。
（2）学会综合考虑产品的成本进行促销策略的制定。
（3）学会参考互联网报价进行产品报价。

7.2.1.2 实验内容及步骤

（1）实验内容。

针对互联网进行产品定价及制定促销策略。

（2）实验步骤。

点击进入"渠道部"，点击左上角的"互联网"，进行互联网的产品定价和促销策略的选择。在互联网进行产品报价应参考互联网最高预算价格，不能超过消费者最高预算。

7.2.1.3 注意事项

（1）互联网定价主要完成两项工作：互联网市场本期报价、对互联网市场本期制定促销策略。互联网市场当期报价，当定价为0时，系统将默认该产品不参与报价。

（2）促销费用在保存定价时即扣除。若公司现金不足，则可考虑不采取任何促销策略后再报价。

（3）制定售价之前，需参考本期该市场的消费者最高预算，超过消费者最高预算的报价将不被消费者所接受。

7.2.1.4　思考与练习

（1）怎样根据产品成本制定合理的互联网渠道定价？
（2）怎样根据不同消费群体的偏好制定合理的促销策略？

7.2.2　实训2——国内经销商如何制定定价策略

7.2.2.1　实验目标

（1）学会分析区域目标市场，进行国内经销商产品的定价。
（2）学会综合考虑产品的成本、消费者最高预算等因素，进行国内经销商返利政策的制定。

7.2.2.2　实验内容及步骤

（1）实验内容。
① 根据目标市场的国内经销商情况及市场情况进行国内经销商的产品定价。
② 制定合理的返利政策，以吸引国内经销商加盟。
（2）实验步骤（略）。

7.2.2.3　注意事项

（1）在进行产品定价时不要超过消费者的最高预算。
（2）采用合理的促销策略来完成。

7.2.2.4　思考与练习

（1）怎样针对目标市场的消费者进行合理的报价和促销策略的选择？
（2）怎样在目标市场中选择更合理的消费者进行产品销售？

7.2.3　实训3——大卖场如何制定定价策略

7.2.3.1　实验目标

（1）学会根据目标市场消费者的定位进行产品报价。

（2）学会综合考虑公司运营成本进行大卖场的人员合理配置。

7.2.3.2 实验内容及步骤

（1）实验内容。

① 制定大卖场的价格策略。

② 大卖场促销人员的安排。

（2）实验步骤（略）。

7.2.4 实训 4——专卖店如何制定定价策略

7.2.4.1 实验目标

学会合理制定专卖店产品定价。

7.2.4.2 实验内容及步骤

（1）实验内容。

专卖店产品价格的制定。

（2）实验步骤。

点击进入"直销部"，点击"专卖店"（见图 7-1），进入后再点击"销售策略"，制定专卖店的产品定价（见图 7-2）。

图 7-1 专卖店

图 7-2 专卖店报价

7.2.4.3 注意事项

（1）销售策略的主要功能是对专卖店的产品进行报价。

（2）选择市场，对各个产品进行报价。当定价为 0 时，系统将默认该产品不参与报价。

（3）制定售价之前，需参考本期该市场的消费者最高预算，超过消费者最高预算的报价将不被消费者所接受。

7.2.4.4 思考与练习

（1）如何合理制定专卖店产品的价格？

（2）同一市场下开设的专卖店销售策略相同吗？

7.2.5 实训 5——国际经销商如何制定定价策略

7.2.5.1 实验目标

学会利用人民币和美元的汇率来进行国际经销商产品的定价。

7.2.5.2 实验内容及步骤

（1）实验内容。

针对国际部制定国际经销商的销售策略。

（2）实验步骤。

进入国际部，点击进入"国际经销商"，制定国际市场的产品价格，见图 7-3。

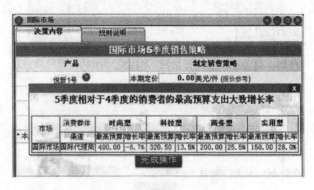

图 7-3 国际市场产品定价

7.2.5.3 注意事项

(1) 与国际经销商之间的交易需用美元作为结算货币。

(2) 当报价为 0 时，代表该产品不参与该市场的销售。

(3) 制定售价之前，需参考本期国际市场的消费者最高预算，超过消费者最高预算的报价将不被消费者所接受。

7.2.5.4 思考与练习

如何利用人民币和美元的汇率来进行国际经销商的产品定价？

本章小结

通过本章的学习，了解以下内容。

产品定价是指企业按照价值规律和供求规律的要求，根据国家的价格政策和规定的作价原则、办法以及市场供求变化情况，制定和调整由企业生产经营的产品或服务的价格。

定价目标一般包括利润最大化目标、市场扩大目标、稳定目标、竞争目标和信誉目标。

影响企业对产品进行定价的主要因素有六种：产品成本、市场需求及变化、市场竞争状况、商品的特点、企业的营销组合策略、其他环境因素。

企业产品定价策略在市场营销中心带有强烈的竞争性因素，定价策略在很大程度上能够影响一家企业的市场营销活动。只有企业合理制定了产品定价策略，才可能使自身在激烈的市场竞争中求得生存和发展。

第 8 章 广告管理

◆ 学习目标
1. 了解广告的含义及广告的收益。
2. 理解广告在市场营销中的作用。
3. 学会广告策略安排管理。
4. 学会广告媒体的选择。

8.1 相关理论知识

8.1.1 广告的含义及作用

(1) 广告的定义。

"广告"二字，从中文字面上理解是"广而告之"。在西方，"广告"一词则源于拉丁语"Advertere"，可理解为"诱导""注意"。传说古罗马商人争相做生意，常常雇一些人在街头闹市大喊大叫，请大家到商品陈列处去购买商品。后演化成为英语口语中的"Advertising"（广告活动）和"Advertisement"（广告宣传品或广告物）。广告作为一种人们熟悉的事物，人人都可以对其指点评说，可是，又很难把广告的定义本质把握准确，这是广告有趣而复杂之处。

广告是指法人、公民和其他经济组织，为推销商品、服务或观念，以付费的方式，通过各种媒介和形式向公众发布有关信息的一种促销手段。

(2) 广告的作用。

有位公司总裁曾说:"人们是否喜欢广告,这并不是一个问题。广告是生活和现实社会政治经济制度中不可缺少的组成部分,人们喜欢不喜欢,都已毫无意义。"话虽偏颇,却道出了广告在现代经济生活中的重要性。它可以从市场、企业、消费者角度进行分析。

① 从市场看,广告是传播市场商品信息的主要工具。

市场的一般定义是指买卖双方相互联系、相互作用的总表现。那么,买卖双方是如何相互联系、相互作用的?二者的沟通是通过商品流通来实现的。商品流通由三部分组成:商品交易流通,商品货物流通,商品信息流通。商品信息流通是开拓市场的先锋。可以说没有信息,就成了哑巴,不能沟通,无法交流。那么大量信息是怎样飞到人们那儿去的?靠的是传播。当今世界具有传播商品信息功能的行业或渠道很多,最主要的就是广告信息渠道。

② 从企业看,广告是企业竞争的有力武器。

广告主如何利用广告这尊大炮轰开市场之门?

第一,利用庞大的广告预算开支,多投入多产出。"没有广告就没有市场,没有广告就没有名牌"已成为企业家的共识。

第二,利用广告策划制作,吸引受众,以尽可能小的投入获得尽可能大的产出。

有的企业利用广告定位,通过具有针对性的广告策略,"放开大路,占领两厢",为自己争取一定的市场份额。如七喜汽水面世之初,面临百事可乐、可口可乐两个巨头,夹缝里如何求生存?七喜为自己的汽水精心设计了简短的广告词:"七喜——非可乐",一下子把饮料市场一分为二:一边是百事可乐、可口可乐等市场上所有的可乐型饮料,另一边是刚刚面世的、非可乐的七喜,在众多的可乐饮料市场上为自己"创造"出了一个新的市场。这场非可乐广告宣传的结果是:七喜汽水在第一年的销售量提高了10%,而且以后每年都有所增加。

利用广告增强企业的竞争力,不仅见于大的广告策划,而且见于细微的广告文案设计。

譬如,牙刷广告词:"一毛不拔"。打字机广告词:"不打不相识。"电话广告词:"以指代步。"电风扇广告词:"实不相瞒,××牌电风扇的名气是吹出来的。"摩丝广告词:"青春作伴,从头开始。"鞋子广告词:"千里之行,始于足下。"灭蚊器广告词:"默默无'蚊'。"咖啡广告词:"味道好极了!"等等。易懂,易背,易念,这些广告词,给人留下了深刻的印象。

第三,利用广告策略,树立企业文化。当今的广告大战,从本质上可以说是不同的企业文化之间的较量和竞争。西方广告折射的是西方文化风貌。IBM

计算机当初面对"苹果机""王安电脑"等众多强手,广告词自信、果敢、咄咄逼人:"比 IBM 的产品更好,更便宜。"对自己宣战的背后,明明白白显示了超过自己、超过别人的阳刚之气,形成 IBM 公司文化的主流。在洋货洋名大出风头的现今中国市场,不少中国产品广告上夸耀自己的洋出身洋伙伴,四川长虹却率先打出民族工业的旗帜:"以产业报国、以民族昌盛为己任。"这是明明白白的企业文化,挡不住的民族凝聚力。

③ 从消费者看,广告可以引导消费,刺激消费,甚至创造需求。

丘吉尔的话从一个侧面反映了广告对消费需求的引导、刺激和创造作用:"广告充实了人类的消费能力,也创造了追求较好生活水平的欲望。它为我们及家人建立了一个改善衣食住行的目标,也促进了个人向上奋发的意志和更努力生产。广告使这些极丰硕的成果同时实现。没有一种活动能有这样的神奇力量。"

广告也刺激着消费,创造着消费需求。因此,有人说:"出售化妆品,实质上出售的是美的希望;出售柑橘,实质上出售的是生命力;出售汽车,实质上出售的是声望;出售衣服,实质上出售的是个性。"

④ 广告还起着美化环境、教育人们的作用。

广告也是一种艺术,好的广告能给人以美的享受,能美化市容,美化环境。同时,广告内容设计得当,有利于树立消费者的道德观、人生观及优良的社会风尚。

8.1.2 广告定位

广告定位是美国广告专家大卫·奥格威倡导的。他认为,广告活动的核心,不在于怎样规划广告,而在于把所广告的产品放在什么位置。广告定位就是指从众多的商品中,寻找宣传商品有竞争力的特点、具有的独特个性,广告宣传能攻其一点,在消费者心中树立该商品的一定地位。广告定位包括下列内容。

(1) 确立广告目标。

广告目标是指在一个特定时期对特定受众所要完成的特定的传播任务。福特公司将其汽车定位为"静悄悄的福特",整个广告活动围绕"静悄悄"做文章,突出福特汽车安静舒适、不受噪音干扰的特点。

一般来说,广告目标可分为三种类型:通知型、说服型、提醒型。

通知型广告主要用于一种新产品的入市阶段,目的在于树立品牌,推出新产品。××香波打入市场的广告就是:"还有半个月,一种全新型洗发水将与消费者见面。"然后依次递减天数,"还有 10 天……""还有一周……""还有

1 天……"然后在预定的那天再打出全面介绍该种品牌香波的广告。

说服型广告的目的是培养消费者对某种品牌的需求，从而在同类商品中选择它。××药膏通过"不但治标，还能治本"来暗示其同类产品只能治标，不能治本，从而劝说消费者进行选择。

提醒型广告在产品进入旺销后十分重要，目的是保护消费者对该种产品的记忆并连续购买，如××饮料的广告词就是："你今天喝了没有？"

(2) 确定广告对象。

广告对象，是指广告信息的传播对象，即信息接收者。广告对象的策划目的是解决把"什么"向"谁"传达的问题。这是广告活动中极为重要的问题。没有对象，就是无的放矢。但一个广告不可能打动所有的人，而应当找准具有共同消费需求的消费群体。

分析广告对象要从以下四个方面入手。

第一，社会阶层。例如知识分子阶层、工人阶层、农民阶层、学生阶层、国家干部阶层、个体户阶层、企业家阶层等。

第二，家庭状况。例如家庭结构、家庭人口、家庭收入、家庭住址等。家庭是社会阶层的组成部分。

第三，个人情况。例如年龄、性别、职业、文化程度、业余爱好、婚姻状况等。

第四，用户关心点分析。各人都有其所关心的重点，即使在同一商品上，人们也会有不同的追求和企望。

要根据市场调查资料和广告战略，确定具体的广告对象是什么人，掌握广告对象的基本情况，如年龄、性别、阶层、职业、文化程度、家庭状况、购买习惯等，越具体越好，不能笼统、含糊。这样才能明确广告对象，选择有效的媒介。

(3) 确定广告区域。

针对广告区域的地方性、区域性、全国性、国际性的不同，选择不同的广告覆盖方法，如全面覆盖、渐进覆盖或轮番覆盖。

(4) 确定广告概念。

这里所指的广告概念，特指广告所强调的商品特点，信息传递方法、技巧和具体步骤等。

(5) 确定广告媒体。

选择媒体不一定收费愈高愈好，要根据商品媒体的特性。例如，一则飞机公司的广告就很好地利用了电台媒体的听觉效果。

8.1.3 广告媒体的种类

广告所发出的各种信息，必须通过一定的媒体才能传达到消费者。广告所运用的媒体大致有报纸、杂志、广播、电视、电影、户外招贴、广告牌、霓虹灯、传单、商品陈列等。根据媒体各自的特征，可将广告媒体分为以下几类。

(1) 印刷品广告。

印刷品广告包括报纸广告、杂志广告等。

① 报纸广告。

世界上最早的报纸是中国汉代的"邸报"。唐朝开元年间，长安出版的用纸张印刷的《开元杂报》比欧洲最早用纸张印刷的德国《时代报》早800多年。报纸广告的优势是：覆盖面广，读者稳定，传递灵活迅速，新闻性、可读性、知识性、指导性和纪录性"五性"显著，白纸黑字便于保存，可以多次传播信息，制作成本低廉等。报纸广告的局限是报纸以新闻为主，广告版面不可能居于突出地位，广告有效时间短，日报只有一天，甚至只有半天的生命力，多半过期作废。广告的设计、制作较为简单粗糙，照片、图画运用极少，大多只用不同的字体编排，四周加上花线就算完事，不是"一长条"（一通栏）就是一块"豆腐干"（半通栏或三分之一通栏）。千人一面，呆板单调，广告用语也模式化，一讲质量就是"国优""部优""省优"，以及"国际金奖""国际银奖"，一讲性能总离不开"国内首创""领导时代新潮流"，一讲售后服务也只有"实行三包"，翻来覆去就是那么几句话。

② 杂志广告。

杂志广告是指利用杂志的封面、封底、内页、插页为媒体刊登的广告。世界上最早的杂志是德国《观察周刊》，创于1590年。杂志广告的优势是：阅读有效时间长，便于长期保存，内容专业性较强，有独特的、固定的读者群。如妇女杂志、体育杂志、医药保健杂志、电子杂志、汽车摩托车杂志、家用电器杂志等，有利于有的放矢地刊登相应的商品广告。同时杂志广告也有其局限性：周期较长，不利于快速传播；由于截稿日期比报纸早，杂志广告的时间性、季节性不够鲜明。

(2) 电子媒体广告。

电子媒体广告包括电视广告、电影广告、广播电台广告、电子显示大屏幕广告以及幻灯机广告等。下面以电视广告为例。

利用电视为媒体传播放映的广告称为电视广告。电视广告可以说是所有广告媒体中的"大哥大"，它起源较晚，但发展迅速。以美国为例，1993年全国广告总收入为 1340 亿美元，其中仅电视广告就占 54%，其他则是，报纸广告占 23%，广播电台广告占 4%，杂志广告占 19%。德国 1993 年全年广告总收入 180 亿美元，其中电视广告就占 34.9%，其他则是报纸广告占 26.4%，杂志广告占 31.4%，电台广播广告占 7.3%等。

电视的优势很明显。它收视率高，插于精彩节目的中间，观众为了收看电视节目愿意接受广告，虽然带有强制性，但观众一般可以接受。电视广告形声兼备，视觉刺激强，给人强烈的感观刺激。而且看电视是我国一些人夜生活的一项重要内容，寓教于乐，寓广告于娱乐，收视效果佳，其广告效果是其他广告媒体无法相比的。大卫·奥格威不无自豪地说："如果给我 1 小时的时间做电视广告，我可以卖掉世界上所有的商品。"电视广告的局限性也很明显，主要是电视广告制作成本高，电视播放收费高，而且瞬间消失，使企业通过电视做广告的费用很高，小型企业无力承担。

8.1.4　广告的创意制作

广告创意是广告设计制作者在酝酿广告时的构想。广告设计制作者根据广告主的要求，在详尽的市场调查后，经过精心思考和策划，最后完成一个商品、劳务、企业形象的综合广告方案。

广告创意就其内容而言可包括两类：一是战术型广告创意，指在已定的商场上，紧紧盯着目标，将产品的品牌迅速留在顾客心中，并得到有利地位；二是战略型广告创意，指找出可能的市场，确定广告目标和对象，提出切实可行的促销活动计划。

国际广告协会对创意新颖的广告有五点要求：

① 能体现愉快的感觉；

② 能体现创新进步的精神；

③ 能解决某一实际问题；

④ 有明确的承诺；

⑤ 有潜力。

（1）广告创意设计的构思。

广告创意设计的构思要真、简、奇、美，攻心为上，杜绝"小和尚念经"式广告创意构思。创意设计很艰苦。我国台湾地区一家广告公司为德国××啤酒打进台湾地区市场代理广告业务。如何既保持原有品牌的优势，又适合台湾地区的具体情况？该广告公司制作了如下数量众多、精美的备选广告："刚从欧洲来，国语还不太灵光"，"没办法，害羞是数百年来的家族遗传"，"小？想想拿破仑吧",以及"这一杯是我们的最佳代言人"和"不妨先向邻居打听打听",等等。再如1979年可口可乐集团要求为其代理了24年广告业务的麦伊广告公司重新换个广告主题,该广告公司立即把派驻全球各地机构富有创造力的主管全部召回纽约,经过反复激烈的讨论,最后才浓缩出一个主题,其创意是"喝一口,笑一笑"。

（2）广告创意的媒体运用。

广告创意不仅是文案设计,还包括广告宣传所使用的媒体设计。如何运用各种媒体的特点来为广告服务,同样显创意功夫。××电风扇的创意设计是利用POP广告媒体,把电风扇放在大商场的橱窗,旁边醒目地写着:"从××年×月×日起昼夜连续运转。请你计算一下,至今已连续运转了多少小时?"独特的构思引起了好奇心,有人甚至半夜三更去检查该电风扇是否仍在转动。

再如"西铁城"手表打入澳大利亚市场的广告创意,也是利用POP广告媒体,巧妙地宣传产品的质量。预告消费者某日某时某刻,该公司用飞机在堪培拉广场空投西铁城手表,谁捡到就归谁。届时飞机如期而至,数以万计的手表从天而降,戴着高空落下、走时准确又不要钞票的手表,效果怎样?还需声嘶力竭地嚷嚷:"永不磨损,世界名表吗?"还愁在老百姓中没有知名度吗?

（3）广告创意的语言艺术。

广告创意的语言艺术散见于各种商品广告之中。

理发店的广告语言:"虽是毫末技艺,却是顶上功夫。"

猪饲料的广告语言:"饲宝×××,催猪不吹牛!"

酸梅汁的广告语言:"小别意酸酸,欢聚心甜甜。"

粉刺药品的广告语言:"只要青春不要'痘'。"

印刷公司的广告语言:"除了钞票,承印一切!"

汽车的广告语言:"车到山前必有路,有路必有××车。"

可口可乐（Coca-Cola）打入中国市场时,拟用四个谐音的汉字来称呼这种不含酒精的西方饮料,开始选译的是"蝌蚪嚼蜡",又是动物又是蜡烛,无味加不干净的印象,使其无人问津。后转用"可口可乐",美味可口,开心快乐,从此销路大增。

8.1.5 广告费用预算

广告费用预算可采用以下4种不同的方法。

（1）销售百分比法。

根据过去经验,按计划销售额的一定百分比确定广告费用。好处是简便易行，缺点是实际操作中过于呆板，不能适应市场变化。

(2) 目标任务。

明确广告目标后，选定广告媒体，再计算出为实现广告目标应支出的广告费用。这种方法在实际操作中难度较大，因为，广告目标很难用数字来精确计算。

(3) 竞争对抗法。

竞争对抗法是根据竞争对手的广告宣传情况，来决定自己的广告费用支出的一种方法。

(4) 倾力投掷法。

企业在不能测定广告目标和广告效果的情况下，常常采用有多少费用就做多少广告的办法，这样做的风险比较大。

8.1.6 广告效果评估

广告效果评估是指运用科学的方法来鉴定所做广告的效益。广告效益包括三个方面：一是广告的经济效益，指广告促进商品或服务销售的程度和企业的产值、利税等经济指标增长的程度；二是广告的心理效益，指消费者对所做广告的心理认同程度和购买意向、购买频率；三是广告的社会效益，指广告是否符合社会公德，是否寓教于销。广告效果的测定方法有很多，可分为广告前测定和广告后测定。

(1) 广告前测定。

它是广告制作完成以后，在媒体发布以前所进行的广告效果测定和相应分析。具体可通过以下手段进行。

① 模拟销售检验。

就是通过人为的办法"选"一个销售环境，以此检验广告的促销功能。譬如"盲目销售检验"，就是把包装好的产品上的商标拿掉，摆在货柜上，每种商品后面有个说明卡片，上面分别有一则不同的广告，最后看哪种商品销量大，就说明哪种卡片上的广告促销功能强。

② 消费者试用。

就是把一组同类产品放在消费者面前，消费者可以是企业内部的职工，也可以是部分有兴趣的市民，各产品均配以不同的广告，然后检验消费者对广告的反应程度、对相应产品的购买意向和购买结果。这类办法的优点是速度快，检验的是真正的消费者，费用不高，能利用完整的广告。局限性在于不是顾客主动地选购，而是被动地做出反应，购买行为不自然，而且由于消费者表达能力的不同，不能准确反映其意见和想法。

③ 邮寄检验。

邮寄检验可以通过各种各样的印刷品形式进行，如小册子、信件、说明书和明信片等。把不同的广告缩小后印在明信片上，每张明信片都有一些免费小赠品，所有明信片的赠品都一样。然后把这些明信片寄给大量的、有一定代表性的消费者，根据有复信并已接受赠品者的比例大小，就可以检查出广告的有效程度。

④ 仪器检验。

把消费者置于各种仪器前，检测其对广告的反应程度。视力相机的功能是在阅读广告时记录其视力运动情况。测量表明：一个人在阅读时，眼睛并不是顺着字行稳定地移动，不同的人的阅读习惯也不同。通过视力相机获得的资料可以用来确定广告标题的位置，确定某一广告长度的合适与否以及其他广告文案设计问题。再如印象测量器也是一种国外使用的广告效果检测仪，这种机械装置，把广告在被检测人员眼前暴露3~5秒，然后检验人员可以衡量出每个被检测人员能够回忆起多少广告内容。

（2）广告后测定。

广告后测定是广告发布以后，为了分析广告效果，调整广告策略而进行的测量广告效果的方法。具体可通过以下手段进行。

① 售后检验。

这是最直接也是用处最多的一种方法，它将广告发布后企业产品的新的销售量和广告发布前的销售量做比较，从其中得出广告的促销功能。优点是简便易行，立竿见影，直接和企业销售量挂钩。不足之处是无法把广告促销的效果和同时作用的其他促销办法（如人员促销、公共关系）的效果区分开来。

② 调查检验。

调查消费者，询问顾客，鼓励他们对广告做出评论。可以把同一则广告发布在不同的媒体（电视、报纸、广播等）上，询问哪一种效果好；也可以准备两则广告发布在报纸上，今天刊登一则广告，明天刊登另一则广告，然后询问哪一种广告效果较好，再决定取舍。

③ 回忆检验。

一般来说，不给对方任何提醒或暗示，只是在受试者记忆的汪洋大海中检查所做广告深入人心的程度。其优点在于：它能提供有关广告深入思想的程度方面的材料，而且可以检测消费者是否领会了广告制作人员想要表达的广告主题，广告设计意图和受众的接受认同程度是否一致。缺点是费用大，受试者记忆兴趣和记忆程度有差别。

除了根据广告发布前后时间的不同进行划分外，广告效果的测定方法还可根据操作的具体工具的不同进行划分，可分为统计法、实验法、历史法、评分法、邮寄法、问答法、机械法、采访法、媒体组合法等具体操作手段。

8.2 实训——如何制定广告营销策略

8.2.1 实验目标

（1）学会广告媒体的选择。
（2）学会广告策略安排管理。
（3）理解广告在市场营销中的作用。

8.2.2 实验内容及步骤

8.2.2.1 实验内容

（1）查询分析各种广告类型的费用。
（2）分析各种广告媒介对不同市场的影响。
（3）安排合理的广告策略。

8.2.2.2 实验步骤

（1）查询分析各种广告类型的费用。

进入"市场部"，点击"决策内容"，查看各广告类型的费用，参见图 8-1。

（2）分析各种广告媒介对不同市场的影响。

进入"市场部"，点击"决策内容"，将鼠标放到问号之上，系统会显示该广告类型对不同市场的影响，参见图 8-2。

或者在主场景点击右下角的问号按钮，进入帮助系统点击"市场营销"第二项"市场推广"，会显示出所有广告类型对不同区域的影响力度。

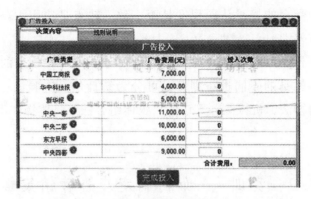

图 8-1　广告媒体的类型

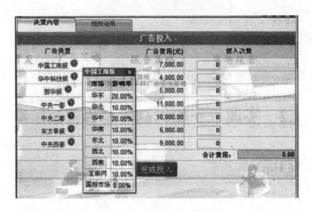

图 8-2　广告媒体的影响力

（3）安排合理广告策略。

进入"市场部"，点击"广告策略"，完成广告策略组合。例如，想占领华中市场和国际市场，就要选择对华中市场和国际市场影响力比较大的广告类型。

经过查看和分析，《华中科技报》对华中地区的影响率是 30%，高于其他广告类型，而中央四套对国际市场的影响率高达 40%（见图 8-3），所以需要进行广告策略的组合以更多地占领目标市场。

产品推广主要指广告宣传和服务策略两部分。每个市场每期均可以投入一笔广告宣传费用，某一期投入的广告对未来若干季度是有累积效应的，投入当季效应最大，随着时间推移，距离目前季度越久，效应逐渐降低。

同时，产品的推广也通过制定服务策略来实现。不同的服务策略有不同的开销。服务做得越好，就会受到消费者越来越多的信赖。

服务策略类型见图 8-4。

广告类型	广告费用	广告影响	
《中国工商报》	7000.00元	市场	影响率
		华东	20.00%
		华北	10.00%
		华南	10.00%
		华中	20.00%
		西北	10.00%
		西南	10.00%
		东北	10.00%
		国际	0.00%
		互联网	10.00%
《华中科技报》	4000.00元	市场	影响率
		华东	10.00%
		华北	10.00%
		华南	10.00%
		华中	30.00%
		西北	10.00%
		西南	10.00%
		东北	10.00%
		国际	0.00%
		互联网	10.00%
《新华报》	5000.00元	市场	影响率
		华东	20.00%
		华北	10.00%
		华南	10.00%
		华中	10.00%
		西北	10.00%
		西南	10.00%
		东北	10.00%
		国际	10.00%
		互联网	10.00%
中央一套	11000.00元	市场	影响率
		华东	15.00%
		华北	15.00%
		华南	15.00%
		华中	15.00%
		西北	10.00%
		西南	10.00%
		东北	10.00%
		国际	0.00%
		互联网	10.00%

图 8-3 各广告媒介的影响力

		市场	影响率
中央二套	10000.00元	华东	10.00%
		华北	10.00%
		华南	10.00%
		华中	15.00%
		西北	15.00%
		西南	15.00%
		东北	10.00%
		国际	0.00%
		互联网	15.00%
《东方早报》	6000.00元	市场	影响率
		华东	50.00%
		华北	15.00%
		华南	15.00%
		华中	5.00%
		西北	0.00%
		西南	0.00%
		东北	0.00%
		国际	0.00%
		互联网	15.00%
中央四套	9000.00元	市场	影响率
		华东	10.00%
		华北	10.00%
		华南	10.00%
		华中	5.00%
		西北	5.00%
		西南	5.00%
		东北	10.00%
		国际	40.00%
		互联网	5.00%

续图 8-3

（4）配置销售人员。

销售人员是必不可少的。销售人员主要体现在专卖店和大卖场两个地方。在大卖场和专卖店中配置销售人员，每次配置的人员越多，则在专卖店和大卖场里的销售能力就会越强。

（5）进行订单报价。

每个经营周期，对于已经完成开发的渠道，将有若干来自不同消费群体的市场订单以供每个公司进行报价。每个市场订单均包含以下要素。

服务名称	服务费用
7天包换	10000.00
30天上门服务	35000.00
1年免费保修	40000.00
电话回访	8000.00
免费送货上门	17500.00
3年免费维护	60000.00
免费后续跟踪服务	16000.00

图 8-4　服务策略类型

① 购买量：每次配送到渠道的数量。

② 回款周期：回款周期可以是 1 个周期，也可能是多个周期。这意味着什么时候能拿到营业收入。

③ 最高承受价：每个消费群体在各个渠道中所能承受的最高报价。如果，报价超过最高报价，则消费群体会放弃选择这个产品。所以在报价的时候一定要考虑这个因素。

8.2.3　注意事项

（1）广告策略安排要能为产品的销量带来影响，同时又要考虑成本问题。

（2）广告策略表现方式要能够吸引消费者，引起购买欲望。

（3）产品的广告计划不是越多越好，注意选择适合自己的广告计划。

（4）不同的广告计划，其费用、影响力、影响力延续天数以及覆盖率是不同的。

（5）每个市场每期均可投入一笔广告宣传费用，某一期投入的广告对未来若干季度是有累积效应的，投入当季效应最大，随着时间推移，距离目前季度越久，效应逐渐降低。

8.2.4　思考与练习

（1）怎样安排产品的广告策略能为公司带来更大的效益？

（2）在实际生活中，如何利用广告计划提高产品的市场占有率？

（3）市场营销中广告的作用有哪些？

本章小结

通过本章的学习，了解以下内容。

广告管理有广义和狭义之分：广义的广告管理包括广告公司的经营管理和广告行业及广告活动的社会管理两方面的内容；狭义的广告管理专指对广告行业及广告活动的社会管理。

广告管理具有的特点：明确的目的性、规范性、多层次性。

广告管理的主要内容：广告主的管理、对广告经营者的管理、对广告发布者的管理、对广告信息的管理，以及对广告收费的管理、对户外广告的管理。

广告以营利为目的，通常是商业广告，它是为推销商品或提供服务，以付费方式通过媒体向消费者或用户传播商品或服务信息的手段。

第 9 章
促销管理

◆ 学习目标

1. 了解促销的概念和用法。
2. 查询分析各种促销类型的费用。
3. 选择适当的促销计划。
4. 了解各种不同的促销类型。
5. 学会怎样做好促销策划。
6. 学会搭配各种不同的促销方式。
7. 理解促销在市场营销中的作用。

9.1 相关理论知识

9.1.1 促销的概念

促销是指企业通过人员推销或非人员推销的方式,向目标顾客传递商品或劳务的存在及其性能、特征等信息,帮助消费者认识商品或劳务带给购买者的利益,从而引起消费者的兴趣,激发消费者的购买欲望及购买行为的活动。

促销本质上是一种通知、说服和沟通活动。尽管促销表现为多种多样的方式,但促销活动从其本质来分析,是信息在买卖双方间的沟通活动。市场经济条件下,买卖双方之间客观上存在着信息的分离,通过信息沟通,产品的生产和经营者向消费者传递了产品的性能、特征,同时也获得了消费者反馈的信息。

在信息沟通的基础上，买卖双方的认识才能趋于一致并保持良好的关系，才能有助于产品的适销对路，使消费者得到最大限度的满足。

9.1.2 促销方式和组合

（1）促销方式。

促销方式是指促销活动所采取的具体方法和手段。市场营销活动过程中，采用的促销方式包括人员促销和非人员促销两大类。具体又可以分为人员推销、广告、营业推广和公共关系4种方式。除人员推销外，其他三种方式属于非人员促销。加强对促销方式的研究，对企业制定促销策略、实现企业目标十分重要。

① 人员推销。

人员推销就是企业利用推销人员推销产品。一种是派出推销人员与消费者或用户直接面谈交易，沟通信息；另一种是企业设立销售门市部由营业员向购买者推销产品，沟通信息。这种方式具有直接、准确与双向沟通的特点。

② 广告。

广告是指企业通过大众传播媒体向消费者传递信息的宣传方式。采用广告宣传可以使广大消费者对企业及其产品和服务有所认识并产生好感。其特点是可以在推销人员到达之前或不能到达的地方宣传企业产品，传递信息。

③ 营业推广。

营业推广是指人员推销、广告以外的用以增进消费者购买和交易效果的那些促销活动。例如商品陈列、商品展示会、赠送、免费试用等方式。其特点是用证实的方式有效吸引消费者，并刺激他们的购买欲望，能够起到短期内促进销售的显著效果。

④ 公共关系。

公共关系是指企业为了向公众表示企业的经营方针和经营策略符合公众利益，也为有计划地加强与公众联系，建立和谐关系，树立企业信誉，而进行的一系列活动。公共关系的核心是交流信息、促进相互了解，宣传企业，提高企业的知名度和社会声誉，为企业创造良好的外部环境，推动企业不断向前发展。

（2）促销组合。

促销组合指企业在营销沟通过程中的各个要素的选择、搭配及其运用。促销组合是一种组织促销活动的策略思路，它主张企业应把广告、公共关系、营业推广、人员推销四种基本促销方式组合为一个策略系统，使企业的全部促销活动互相配合、协调一致，最大限度地发挥整体效果，从而顺利实现促销目标。

促销组合要素包括人员推销、广告、营业推广、公共关系。每种要素都有其长处和短处，促销的重点在不同时期、不同商品上也各有区别。

如何优化促销组合？如何选择、搭配、有效地运用促销组合？这就要根据企业的促销目标、产品性质、产品生命周期、市场性质、促销费用等因素，将几种促销方式有机结合，综合运用。

① 促销目标。

促销的总目标是通过向消费者宣传、诱导和提示，促进消费者产生购买动机，影响消费者的购买行为，实现产品由生产领域向消费领域的转移。不同企业在同一市场、同一企业，在不同时期及不同市场环境下所进行的特定促销活动，都有其具体的促销目标。促销目标是制约各种促销形式具体组合的重要因素，促销目标不同，促销组合必然有差异。

② 产品性质。

不同性质的产品，需要采用不同的促销组合策略。例如，生活消费品和工业生产资料因其自身性质的不同，采取的组合方式就不同。消费品因为消费者数量众多，可以较多地使用广告和营业推广；而工业生产资料的消费者多为专门用户，更适合采用人员推销方式。

③ 产品生命周期。

影响企业促销组合策略的另一个因素是产品在其生命周期中所处的阶段。不同的产品生命周期，促销重点和促销目标不同，促销组合方式也有区别。在产品投入期，企业的促销目标是让消费者认识和了解产品，需要进行广泛的宣传以提高产品的知名度，所以广告与营业推广效果最好。在产品成长期，企业的促销目标是进一步激发消费者的兴趣，对产品产生偏爱，因此广告和营业推广仍需加强。在产品成熟期，企业的促销目标是巩固老客户，开发新客户，提高市场占有率。这时大多数人已了解了产品，如果没什么新特点，只保留提示性广告即可，所以应当削弱广告，同时增加营业推广，开发新客户。进入衰退期，企业的促销目标是促成持续的信任和刺激购买，所以应继续以营业推广方式促进购买。

④ 市场性质。

不同的地理位置、市场类型和顾客群决定了不同的市场性质，也决定了不同的促销组合策略。一般来说，小规模的本地市场应以人员推销为主，若是广泛的全国市场或国际市场，则应以广告宣传为主。市场集中、渠道短、销售力强，适合采用人员促销；产品分散、渠道长而多，产品差异性大，消费趋势明显，则应选择非人员促销。消费者市场因买主多而分散，适合采用广告与营业推广；工业用户市场因买主少而集中，通常选用人员推销。

⑤ 促销费用。

促销费用的多少直接影响促销方式的选择。一般来说，广告的费用较高，人员推销次之，营业推广花费较少，公共关系费用最少，它们的促销效果也不一样。企业在选择促销组合时，要综合考虑促销目标、产品特性、企业财力、市场竞争及状况，在可能的情况下估计必要的促销费用，然后综合分析比较各种促销手段的成本与效果，以尽可能低的促销费用取得尽可能好的促销效果。

9.1.3 产品促销策略

根据促销手段的出发点与作用的不同，可分为两种促销策略。

（1）推动策略。

推动策略是指企业通过各种促销方式把产品推销给批发商，批发商将产品推销给零售商，零售商再把产品推销给消费者的一种促销策略。

（2）拉引策略。

拉引策略是指企业运用各种促销组合，针对最后消费者展开促销攻势，使消费者产生需求，进而向零售商要求购买产品，零售商向批发商要求购买产品，而批发商最后向企业购买产品的一种促销策略。

9.1.4 促销方案设计

9.1.4.1 促销时间确定

促销时间的安排一般以 10 天为宜，跨 2 个双休日。从星期五周末开始至下周日为止。如果是大的节庆活动，促销时间可以安排长些，但一般不要超过一个月。

9.1.4.2 促销目标设计

一般来说，针对消费者的促销目标有：

① 增加销售量，扩大销售；

② 吸引新客户，巩固老客户；

③ 树立企业形象，提升知名度；

④ 应对竞争，争取客户。

促销目标要根据企业要求及市场状况来确定，促销目标可以确立单个目标，也可以确立多个目标。

促销目标的确定要交代背景，说明原因。对与促销目标有关的情况做个描述，如当前市场、消费者和竞争者状况、企业目前情况及本次促销动机等。这部分内容的写作要求为"客观""简练"。

9.1.4.3　促销主题设计

（1）促销主题确立要求。

促销主题确立需要考虑：

① 主题必须服从和服务于企业的营销目标；

② 主题必须针对特定的促销及其目标；

③ 主题要迎合消费者心理需求，能引起消费者的强烈共鸣。

（2）促销主题语表现。

促销主题语表现包括：

① 明确的利益、情感诉求点；

② 突出鲜明的个性；

③ 具有生动的活力；

④ 简明易懂。

（3）促销主题确立创意。

促销主题确立是一项创意性很强的活动，又是有一定难度的操作，是训练的重点，通过这样的训练来强化学生的创意能力。

9.1.4.4　促销活动方案设计

促销活动是方案设计的核心内容。在这里，设计者的聪明才智与创新点子要充分地表现出来。对促销活动方案设计的要求有以下几个方面。

（1）紧扣促销目标，体现促销主题。

促销方案的设计要求围绕着促销主题而展开，方案要尽可能具体，要把行动方案按不同的时段进行分解，当然还要突出重点。设计要点是以市场分析为依据，充分发挥设计者的创新精神，力争创出与众不同的新方案。

（2）选择促销商品，确定促销范围。

以节日商场促销来说，促销活动的最终目的是扩大销售。在设计具体方案前首先要确定选择哪些商品作为促销的主力商品，一般来讲节日商品包括休闲食品、礼品、保健品及日用百货等。当然，促销商品还必须具备以下条件：

① 有一定的品牌知名度；

② 有明显的价格优势；

③ 节日消费需求量较大。

（3）选择促销方式，进行合理组合。

根据确定的促销商品范围，来设计具体的促销活动方案。在商场促销中，促销组合的几种方式都要考虑运用。当前运用较多、较受消费者欢迎的有"特价促销""赠送促销""公关促销""有奖促销""服务促销"等。在方案策划中，可以采用多种形式，但要注意促销方式的有效性。

9.1.4.5　促销宣传方案设计

促销活动的宣传是全方位的，要把促销的信息告知消费者。在销售场所要营造促销气氛，在促销中要展示企业形象，必须运用好广告宣传和商品展示。

（1）广告宣传。

广告宣传主要采用的广告形式为媒体广告和POP广告。

① 媒体广告。在激烈的市场竞争中，媒体广告所起的促销作用无疑是巨大的，通过媒体广告能将产品促销信息传递出去。

② POP广告。在商场促销中，POP广告用得更多，促销的实际效果更好。在促销广告策划中要根据具体促销主题、要求及费用预算，来确定促销采用的广告形式，要最大限度地发挥其作用。

（2）商品展示。

把促销商品用最佳的形式来进行展示，这是一种有效的促销宣传，使顾客一进门就能看到吸引人的商品展示，从而激发消费者的购买欲望。

9.1.4.6　促销费用预算

费用预算是促销方案设计必不可少的部分，对方案设计的促销活动必须进行费用预算。

（1）费用预算设计。

费用预算设计不能只有一个笼统的总金额，它应该列在两处：一是在促销活动方案中凡涉及费用的都要估算列出；二是以各方案预算为基础再设计独立的促销总费用预算，这样能使人一目了然。

（2）费用预算内容。

促销费用预算一般要考虑的费用有"广告费用""营业推广费用""公关活动费用""人员推销费用"等。

(3) 费用预算与促销方案平衡。

促销活动需要费用支持，促销费用估算与各促销方案设计是密不可分的，任何促销方案都要考虑到费用支出。不顾成本费用，无限制地拔高促销方案或加强方案力度实际上是纸上谈兵，根本无操作性可谈。促销方案和费用预算匹配，费用要能够支持促销活动开展。促销方案和费用预算的平衡也是衡量方案设计水平的一个标准。

9.1.4.7 促销方案实施进度安排

为了保证促销方案得以顺利实施，必须对整个促销方案实施过程予以控制。在促销方案的最后部分，要求设计促销实施进度安排。

9.2 实训——"营销之道"涉及的几种促销策略

9.2.1 实验目标

(1) 查询分析各种促销类型的费用。
(2) 选择适当的促销计划。
(3) 了解各种不同的促销类型。
(4) 学会怎样做好促销策划。
(5) 学会搭配各种不同的促销方式。
(6) 理解促销在市场营销中的作用。

9.2.2 实验内容及步骤

(1) 实验内容。
① 查询分析各种促销类型的费用。
② 选择适当的促销计划。
(2) 实验步骤。
步骤一：在大卖场制定促销策略。选择"直销部"，点击"大卖场"，点击进入"促销人员"（见图9-1），在市场区域配置促销人员（见图9-2）。

大卖场促销人员，主要是对大卖场的产品进行销售。从社会上招聘员工，但是招聘员工的过程没有体现在其中。可以向所开发的市场中配置销售员工。在期末，要付给员工这个季度的工资。

图 9-1 大卖场界面

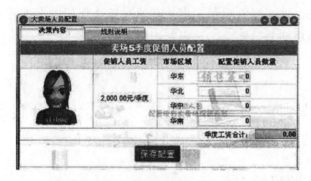

图 9-2 大卖场促销人员配置

步骤二：在大卖场制定促销策略。选择"直销部"，点击"大卖场定价"，点击进入"决策内容"，选择目标市场，制定本期促销策略（见图 9-3）。

图 9-3 大卖场促销策略制定

① 当销量超过 10 件的时候，给予经销商占销售额一定比例的返利。

② 在大卖场中，销售策略做得好，则会使产品受消费群体的喜爱。

③ 促销策略包括 6 种类型，根据各消费群体的偏好，以及大卖场选择商品要考虑的因素（见图 9-4）加以决策。

步骤三：在互联网制定促销策略。进入"渠道部"，点击"互联网定价"，制定相应的促销策略（见图 9-5）。

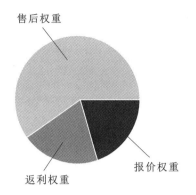

图 9-4 大卖场选择商品要考虑的因素

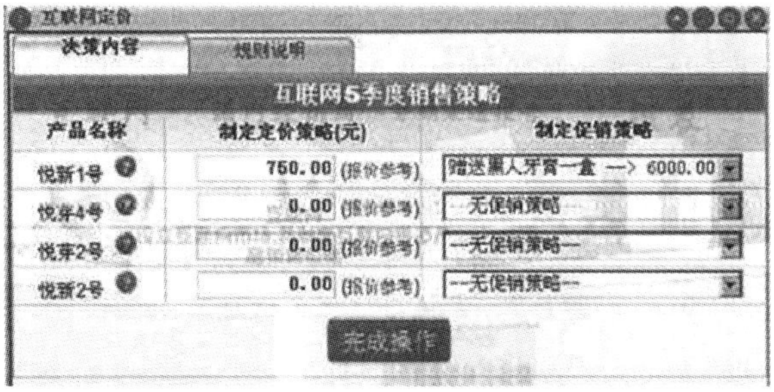

图 9-5 互联网促销策略制定

温馨提示

① 促销费用在保存定价时即扣除。

② 若公司现金不足,则可考虑不采取任何促销策略后再报价。

步骤四:在国内经销商制定促销策略。进入"渠道部",点击"经销商定价"进行国内经销商的销售策略的选择(见图 9-6)。

温馨提示

① 给予经销商的报价越低、返利越高,能获得更多经销商的加盟,也更利于销售的提升。

② 若经销商达到返利的销售额,则给予经销商的返利将在期末自己扣除。

经销商渠道与其他渠道的主要区别在于,在经销商渠道中有返利。返利就是供货方将自己的部分利润返还给销售方,它不仅可以激励销售方提升销售业绩,而且是一种很有效的针对销售方的控制手段。

步骤五:在市场部制定服务策略。进入"市场部",点击"服务策略"进行服务策略的选择(见图 9-7)。

图 9-6

图 9-7 服务策略制定

温馨提示

① 服务策略所产生的费用将在期末扣除。

② 若本季度未设置,则系统默认沿用上一季度的服务策略。

③ 不同的服务策略有不同的开销。服务做得越好,就会受到消费者越来越多的信赖。服务策略有 7 种类型,详见图 9-7。服务策略的选择要综合考虑消费者的行为因素。

9.2.3 注意事项

(1) 产品的促销策略不是越多越好,注意选择适合自己的促销策略。

(2) 不同的促销策略,其费用和影响力是不同的。

(3) 促销策略启动后,系统会按照时间的推移扣除相应的成本。

9.2.4 思考与练习

（1）在实际生活中，如何利用促销策略提高市场占有率？
（2）各种促销类型适应不同类型的产品，思考如何建立最合适的促销策略。
（3）市场营销中促销的作用是什么？

本章小结

通过本章的学习，了解以下内容。

促销实质上是一种沟通活动，即营销者（信息提供者或发送者）发出用于刺激消费的各种信息，把信息传递至一个或更多的目标对象（信息接收者，如听众、观众、读者、消费者或用户等），以影响其态度和行为。

使用促销手段，旨在对消费者或经销商提供短程激励。在一段时间内调动人们的购买热情，培养顾客的兴趣和使用爱好，使顾客尽快地了解产品。

促销是一种竞争，它可以改变一些消费者的使用习惯及品牌忠诚。受利益驱动，经销商和消费者都可能大量进货与购买。因此，在促销阶段，常常会增加消费，提高销售量。

第 10 章
营销分析工具

◆ 学习目标

1. 了解 SWOT 分析、波士顿矩阵以及相关报表的理论概念。
2. 学会分析公司的优势、劣势、机会和威胁。
3. 学会对细分市场、所选择的目标市场以及产品定位进行 SWOT 分析。
4. 学会编写 SWOT 报告。
5. 学会有效地分析波士顿矩阵。
6. 学会通过竞争分析,认清自己,随时调整自己的策略。

10.1 相关理论知识

10.1.1 SWOT 分析

SWOT 分析是一种分析方法,用来确定企业本身的优势(Strength)、劣势(Weakness)、机会(Opportunity)和威胁(Threat),从而将公司的战略与公司内部资源、外部环境有机结合。因此,清楚地确定公司的资源优势和缺陷,了解公司面临的机会和挑战,对于制定公司的未来发展战略有着至关重要的意义。

10.1.1.1 优势

优势是指一个企业超越其竞争对手的能力,或者指公司所特有的能提高公司竞争力的东西。例如，当两个公司处在同一市场或者说它们都有能力向同一顾客群体提供产品和服务时，如果其中一个公司有更高的盈利率或盈利潜力，就认为这个公司比另外一个公司更具有竞争优势。

竞争优势体现为技术技能优势、有形资产优势、无形资产优势、人力资源优势、组织体系优势、竞争能力优势。

10.1.1.2 劣势

竞争劣势是指某种公司缺少或做得不好的东西，或指某种会使公司处于劣势的条件。可能导致内部劣势的因素有：缺乏具有竞争意义的技能技术；缺乏有竞争力的有形资产、无形资产、人力资源、组织资产；在关键领域里的竞争能力正在丧失。

10.1.1.3 机会

机会是影响公司战略的重大因素。公司管理者应当确认每一个机会，评价每一个机会的成长和利润前景，选取那些可与公司财务和组织资源匹配，使公司获得竞争优势潜力最大的最佳机会。

潜在的发展机会可能是：客户群的扩大趋势或产品细分市场；技能技术向新产品、新业务转移，为更大客户群服务；前向或后向整合；市场进入壁垒降低；获得购并竞争对手的能力；市场需求增长强劲，可快速扩张；出现向其他地理区域扩张、扩大市场份额的机会。

10.1.1.4 威胁

在公司的外部环境中，总是存在某些对公司的盈利能力和市场地位构成威胁的因素。公司管理者应当及时确认危及公司未来利益的威胁，做出评价并采取相应的战略行动来抵消或减轻它们所产生的影响。

公司的外部威胁可能是：出现将进入市场的强大的新竞争对手；替代品抢占公司销售额；主要产品市场增长率下降；汇率和外贸政策的不利变动；人口特征和社会消费方式的不利变动；客户或供应商的谈判能力提高；市场需求减少；容易受到经济萧条和业务周期的冲击。

10.1.1.5 SWOT 矩阵

构造 SWOT 矩阵，见表 10-1。

表 10-1　SWOT 矩阵

项目	优势	劣势
机会	SO 战略（增长性战略）	WO 战略（扭转性战略）
威胁	ST 战略（多种经营战略）	WT 战略（防御性战略）

10.1.2　波士顿矩阵

10.1.2.1　波士顿矩阵介绍

波士顿矩阵认为，决定产品结构的基本因素有两个：市场引力与企业实力。市场引力包括销售增长率、目标市场容量、竞争对手强弱及利润高低等。其中最主要的是反映市场引力的综合指标——销售增长率，这是决定企业产品结构是否合理的外在因素。企业实力包括市场占有率，技术、设备、资金利用能力等，其中市场占有率是决定企业产品结构的内在要素，它直接显示出企业竞争实力。销售增长率与市场占有率既相互影响，又互为条件。市场引力大，销售增长率高，可以显示产品发展的良好前景，企业也具备相应的适应能力，实力较强。如果仅有市场引力大，而没有相应的高销售增长率，则说明企业尚无足够实力，则该种产品也无法顺利发展。企业实力强而市场引力小的产品也预示了该产品的市场前景不佳。

通过以上两个因素相互作用，会出现四种不同性质的产品类型，形成不同的产品发展前景：① 销售增长率和市场占有率"双高"的产品群（明星产品）；② 销售增长率和市场占有率"双低"的产品群（瘦狗产品）；③ 销售增长率高、市场占有率低的产品群（问题产品）；④ 销售增长率低、市场占有率高的产品群（现金牛产品）。

10.1.2.2　波士顿矩阵分析基本原理

波士顿矩阵将企业所有产品从销售增长率和市场占有率角度进行再组合。在坐标图上，以纵轴表示销售增长率，横轴表示市场占有率，各以 10% 和 20% 作为区分高、低的中点，将坐标图划分为四个象限，依次为"问题产品""明星产品""现金牛产品""瘦狗产品"。在使用中，企业可将产品按各自的销售增长率和市场占有率归入不同象限，使企业现有产品组合一目了然，同时便于对处于不同象限的产品做出不同的发展决策。其目的在于通过产品所处不同象限的划分，使企业采取不同决策，以保证其不断地淘汰无发展前景的产品，保持问题产品、明星产品、现金牛产品的合理组合，实现产品及资源分配结构的良性循环。

10.1.2.3 波士顿矩阵分析基本步骤

（1）核算企业各种产品的销售增长率和市场占有率。

销售增长率可以用本企业的产品销售额或销售量增长率来表示。时间可以是一年或三年乃至更长时间。市场占有率可以用相对市场占有率或绝对市场占有率来表示，但是要用最新资料。相关计算公式如下：

$$本企业某种产品绝对市场占有率 = \frac{该产品本企业销售量}{该产品市场销售总量} \times 100\%$$

本企业某种产品相对市场占有率＝该产品本企业市场占有率－该产品市场占有份额最大者（或特定竞争对手）的市场占有率

（2）绘制四象限图。

以10%的销售增长率和20%的市场占有率为高低标准分界线，将坐标图划分为四个象限。然后把企业全部产品按其销售增长率和市场占有率的大小，在坐标图上标出其相应位置（圆心）。定位后，按每种产品当年销售额的多少，绘成面积不等的圆圈，依次标上不同的数字代号以示区别。定位的结果将产品划分为四种类型。

10.1.2.4 各象限产品的定义及战略对策

波士顿矩阵对于企业产品所处的四个象限具有不同的定义和相应的战略对策。

（1）明星产品。

明星产品是指处于高增长率、高市场占有率象限内的产品群，这类产品可能成为企业的现金牛产品，需要加大投资以支持其迅速发展。采用的发展战略是：积极扩大经济规模和市场机会，以长远利益为目标，提高市场占有率，加强竞争地位。发展战略以及明星产品的管理与组织最好采用事业部形式，由对生产技术和销售两方面都很内行的经营者负责。

（2）现金牛产品。

现金牛产品又称厚利产品，是指处于低增长率、高市场占有率象限内的产品群，已进入成熟期。其财务特点是销售量大、产品利润率高、负债比率低，可以为企业提供资金，而且由于增长率低，也无须增加投资。因此，现金牛产品成为企业回收资金，支持其他产品尤其明星产品投资的后盾。对这一象限内的大多数产品，市场占有率的下跌已成不可阻挡之势，因此可采用收获战略，即所投入资源以达到短期收益最大化为限，把设备投资和其他投资尽量压缩；也可采用榨油式方法，争取在短时间内获取更多利润，为其他产品提供资金。对于这一象限内的销售增长率仍有所增长的产品，应进一步进行市场细分，维持现有市场增长率或延缓其下降速度。对于现金牛产品，适合用事业部形式进行管理，其经营者最好是市场营销型人物。

现金牛业务指低市场成长率、高相对市场份额的业务，是成熟市场中的领导者，是企业现金的来源。由于市场已经成熟，企业不必大量投资来扩展市场规模，同时作为市场中的领导者，现金牛业务享有规模经济和高边际利润的优势，因而能给企业带来大量财源。企业往往用现金牛业务来支付账款并支持其他三种需大量现金的业务。某公司只有一个现金牛业务，说明其财务状况是很脆弱的。市场环境一旦变化导致这项业务的市场份额下降，公司就不得不从其他业务单位中抽回现金来维持现金牛的领导地位，否则这个强壮的现金牛可能就会变弱，甚至成为瘦狗。

（3）问题产品。

问题产品是处于高增长率、低市场占有率象限内的产品群。前者说明市场机会大，前景好，而后者则说明在市场营销上存在问题。其财务特点是利润率较低，所需资金不足，负债比率高。例如，在产品生命周期中处于引进期，因种种原因未能开拓市场局面的新产品即属问题产品。对问题产品应采取选择性投资战略，即首先对该象限中那些经过改进可能会成为明星产品的产品进行重点投资，提高市场占有率，使之转变成明星产品；对其他将来有希望成为明星产品的产品则在一段时间内采取扶持的对策。因此，对问题产品的改进与扶持方案一般均列入企业长期计划中。对问题产品的管理组织，最好是采取智囊团或项目组织等形式，选拔有规划能力、敢于冒风险、有才干的人负责。

（4）瘦狗产品。

瘦狗产品也称衰退产品，是指处在低增长率、低市场占有率象限内的产品群。其财务特点是利润率低，处于保本或亏损状态，负债比率高，无法为企业带来收益。对这类产品应采用撤退战略：首先应减少批量，逐渐撤退，对那些销售增长率和市场占有率均极低的产品应立即淘汰；其次是将剩余资源向其他产品转移；最后是整顿产品系列，最好将瘦狗产品与其他事业部合并，统一管理。

10.2 实 训

10.2.1 实训1——SWOT分析

10.2.1.1 实验目标

(1) 学会分析公司的优势、劣势、机会和威胁。
(2) 学会对细分市场、所选择的目标市场以及产品定位进行SWOT分析。
(3) 学会编写SWOT报告。

10.2.1.2 实验内容及步骤

(1) 实验内容。
① 调用"4.2 实训——市场细分与目标市场的选择"中编写的STP分析报告。
② 对已经选择的目标市场及产品定位进行SWOT分析。
③ 编写SWOT报告。
④ 分析评论。

(2) 实验步骤。
点击"市场部"进入"市场报告"中的SWOT报告,在软件给定的模板中完成SWOT报告。

10.2.1.3 注意事项

(1) 要充分分析公司的SWOT,有的公司资源对一个细分市场是优势,对另一个细分市场就变成劣势了。
(2) 对每个分析结论都要认真描述,以帮助以后进行市场定位。
(3) SWOT报告可以根据自己的知识进行组织编写。

10.2.1.4 思考和练习

(1) 是否可以通过调整公司的资源,使原来的劣势变成优势?调整的代价多大?是否划算?

(2) 如何利用好面临的机会以及如何有效避免所面临的威胁？
(3) 怎样才能做好 SWOT 分析？

10.2.2 实训 2——波士顿矩阵分析

10.2.2.1 实验目标

学会有效地分析波士顿矩阵。

10.2.2.2 实验内容及步骤

(1) 实验内容。

查询分析波士顿矩阵。

(2) 实验步骤。

查询分析波士顿矩阵。点击"市场部"（见图 10-1），点击"市场报告"，点击市场调研分析中的"波士顿矩阵"，对波士顿矩阵进行分析。

图 10-1 市场部

10.2.2.3 注意事项

波士顿矩阵的应用具有一定的局限性。

10.2.2.4 思考与练习

(1) 何为波士顿矩阵？如何有效地利用波士顿矩阵？
(2) 波士顿矩阵的优缺点是什么？

10.2.3 实训3——查看报表和决策历史

10.2.3.1 实验目标

（1）了解自己公司的经营情况。
（2）了解竞争对手的经营情况。
（3）学会分析自己公司在市场中的竞争地位。
（4）学会通过竞争分析，认清自己公司，随时调整自己公司的策略。

10.2.3.2 实验内容及步骤

（1）实验内容。
① 查看市场竞争信息。
② 查看企业运行信息。
③ 分析信息。
（2）实验步骤。
① 查看财务分析。

以某省营销大赛为例，进行分析，选定悦芽科技有限公司，点击"总经理—财务分析"，可以查看该企业各季度财务状况，如图10-2所示。

分析类别	指标	权重分	上/下限	参考值	实际值	实际值/参考值(资产负债率相反)	实际得分
盈利能力分析	销售毛利率	15	30/7	50%	60%	120%	18.02
	销售净利率	10	20/5	15%	32%	213%	20.00
	净资产收益率	10	20/5	10%	47%	470%	20.00
	成本费用利润率	10	20/5	50%	57%	112%	11.34
经营能力分析	固定资产周转率	5	10/2	100%	1119%	1119%	10.00
	应收账款周转率	5	10/2	100%	1125%	1125%	10.00
	总资产周转率	10	20/5	400%	103%	26%	5.00
	存货周转率	10	20/5	50%	1044%	2089%	20.00
偿债能力分析	流动比率	5	10/2	200%	321%	161%	8.03
	速动比率	5	10/2	100%	308%	308%	10.00
	资产负债率	10	20/5	50%	28%	177%	17.67
	已获利息倍数	5	10/5	500%	9982%	1996%	10.00
合计		100					160.06

图10-2 财务分析

② 查看趋势分析。

点击"总经理—趋势分析"，可以查看该企业三大报表、各季度财务指标，如图10-3所示。

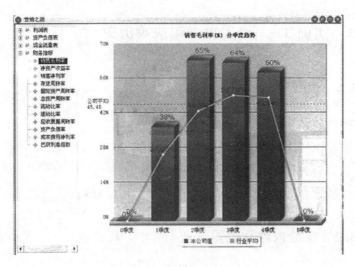

图 10-3　企业的趋势分析

③ 查看市场分析。

点击“总经理—市场分析”，可以查看该企业市场报告和综合绩效，如图 10-4 所示。

综合表现报告 | 综合表现趋势分析

4季度悦芽科技有限公司(14)综合表现报告

排名	公司名称	综合评价(合计)	盈利表现	市场表现	成长表现	紧急借款次数	扣除分数	最终得分
第1名	悦芽科技有限公司(14)	198.97	70.00	78.97	50.00	0	0.00	198.97
第2名	哈哈哈队(31)	196.17	70.00	76.17	50.00	0	0.00	196.17
第3名	开拓者队(30)	191.14	70.00	71.14	50.00	0	0.00	191.14
第4名	Miracle(28)	183.37	70.00	68.43	44.93	0	0.00	183.37
第5名	黄金猎人(3)	158.93	43.57	65.36	50.00	0	0.00	158.93
第6名	骑年雄鸡(23)	154.04	52.02	61.96	40.07	1	1.00	153.04
第7名	哇牛团队(13)	143.93	44.94	48.99	50.00	0	0.00	143.93
第8名	3L队(15)	143.55	70.00	26.90	46.65	0	0.00	143.55
第9名	v-show团队(19)	121.73	36.35	52.34	33.04	0	0.00	121.73
第10名	欢欢喜喜(17)	120.32	41.33	49.02	29.96	0	0.00	120.32
第11名	热火队(24)	115.06	26.70	54.62	33.74	1	1.00	114.06
第12名	精康组合(16)	110.35	26.31	56.10	27.94	0	0.00	110.35

图 10-4　企业的市场分析

④ 查看决策历史。

点击“总经理—决策历史”，可以查看该企业决策历史明细。

查看报告。点击“市场部—报表”，可以查看该企业市场报告、产品报告、销售报告。

10.2.3.3　注意事项

(1) 对市场信息的分析整理取决于分析者的判断和分析能力，系统不能随其质量进行判断。

（2）对市场信息进行有效的分析，为改变上次营销策略，设计出更有利于竞争，更能满足消费者需求的产品及营销策略奠定基础。

10.2.3.4　思考与练习

（1）如何根据竞争对手本季度的策略来制定本公司下季度的营销策略？

（2）如何进行下一阶段的财务预算和销售预算？

本章小结

通过本章的学习，了解以下内容。

SWOT 分析包括四个变量：优势、劣势、机会和威胁。

波士顿矩阵中，纵轴表示销售增长率，有的说是行业的增长率，或者行业的吸引力，都是讲这个行业的增长所带来的吸引能力。横轴表示市场占有率。

基于波特的五力模型，对于任何一个公司，我们都可以从五个方面来分析该公司的优势和弱点，即同行业竞争、潜在进入者、替代威胁、公司的客户和公司的供应商。

针对软件平台的两大分析方法，做出基本的分析决策思路和进行小组之间的对比。

第 11 章
公司运营状况分析

◆ 学习目标

1. 熟悉公司运营状况，主要通过企业各个财务指标分析、企业财务综合分析、经营绩效分析、产品报告和销售报告分析来实现。

2. 使用各类报表对决策分析做好实验报告。

11.1 企业各个财务指标分析

点击"综合分析图表—财务指标"，展开菜单后，选择并点击要查看的报表项目，可以查看该项目在各个季度的数据变化趋势柱状图。下面以 A 科技有限公司为例说明各指标的变化情况。

11.1.1 销售毛利率

销售毛利率的计算公式如下：

$$销售毛利率 = \frac{销售收入净额 - 销售成本}{销售收入净额} \times 100\%$$

式中，销售收入净额是指产品销售收入扣除销售退回、销售折扣和销售折让后的净额；销售成本是指主营业务成本。

销售毛利率的值越大，说明在主营业务收入净额中主营业务成本占的比重越小，企业通过销售获得利润的能力越强。基于此，该指标能够更为直观地反映企业主营业务对于利润创造的贡献。图 11-1 为悦芽科技有限公司销售毛利率分季度趋势图。

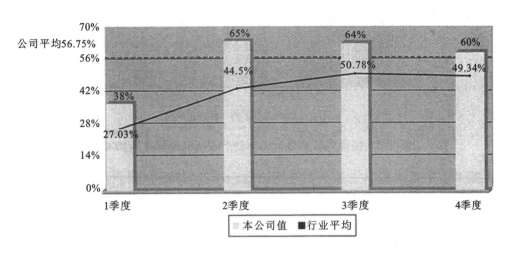

图 11-1 悦芽科技有限公司销售毛利率分季度趋势图

从图 11-1 可以看出：整个行业的销售毛利率总体呈上升趋势；公司每个季度的销售毛利率都要显著高于行业平均水平，说明公司的主营业务创造利润的能力要高于行业平均水平；公司 4 个季度的销售毛利率平均为 56.75%，在第 1 季度最低为 38%，在第 2 季度达到最高 64%。

11.1.2 净资产收益率

净资产收益率的计算公式如下：

$$净资产收益率 = \frac{净利润}{净资产} \times 100\%$$

它反映股东投入的资金所获得的收益率。该指标有两种计算方法：一种是全面摊薄净资产收益率；另一种是加权平均净资产收益率。

净资产收益率越高，说明股东投入的资金获得报酬的能力越强；反之则越弱。图 11-2 为悦芽科技有限公司净资产收益率分季度趋势图。

从图 11-2 可以看出：该公司净资产收益率的发展趋势与行业走势基本相同，基本呈现上升趋势。除第一季度外，该公司其余三个季度要显著好于行业平均水平；第 3 季度净资产收益率相较其他三个季度最好，达到 49%；虽然第一季度为 0，但四个季度平均值仍达到 34.25%。

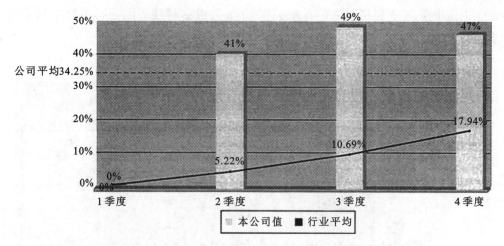

图 11-2　悦芽科技有限公司净资产收益率分季度趋势图

11.1.3　销售净利率

销售净利率的计算公式如下：

$$销售净利率 = \frac{净利润}{销售收入} \times 100\%$$

销售净利率表示每1元销售收入可实现的净利润是多少。销售净利率越高，说明企业通过扩大销售获得收益的能力越强。销售净利率越高，说明企业在正常经营的情况下由盈转亏的可能性越小，并且通过扩大主营业务规模获取利润的能力越强。图 11-3 为悦芽科技有限公司销售净利率分季度趋势图。

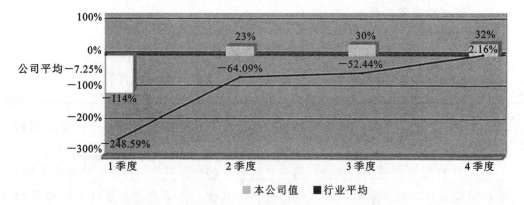

图 11-3　悦芽科技有限公司销售净利率分季度趋势图

从图 11-3 可以看出：该公司销售净利率的发展趋势与行业走势基本相同，呈现上升趋势，但该公司4个季度的销售净利率要显著好于行业平均水平。除了第1季度显示的销售净利润率为负值外，其余3个季度均为正值，表明公司处于盈利状态。但由于第1季度仅为-114%，4个季度的平均值为-7.5%。

11.1.4 存货周转率

存货周转率的计算公式如下：

$$存货周转率 = \frac{主营业务成本}{存货平均余额} \times 100\%$$

式中，存货平均余额是指全年占用在存货上的资金的平均额。一种简化的办法就是用期初存货与期末存货的算术平均数来代表。当然，若企业的经营存在明显的季节性时，期初和期末有可能正处于企业的旺季或淡季，显然用这两个数计算并不科学。此时可以考虑先用每个月月初和月末的算数平均数代表每个月的平均余额，然后将每个月的平均余额加总除以 12，可得全年的存货平均余额。

存货周转率反映企业销售能力和存货周转速度，也是衡量企业在生产经营环节中存货运营效率的一个综合性指标。

一般来说，存货周转率越高，存货周转天数就越短，说明存货周转得越快，存货的流动性越强；反之，存货周转率越低，存货周转天数就越长，说明存货周转得越不顺畅，存货的流动性越弱。但是，一个企业的存货周转率过高并不一定是好事，可能是企业的存货水平太低所致。存货水平太低有可能是由于企业的采购批量太小、采购过于频繁，这样可能会增加采购成本。并且存货水平太低可能会导致缺货，影响企业生产和销售。因此，对存货周转率的分析应结合企业的销售、管理等正常进行，并深入调查企业库存等具体情况。图 11-4 为悦芽科技有限公司存货周转率分季度趋势图。

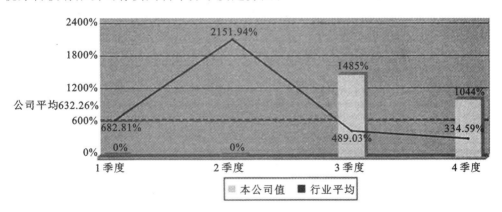

图 11-4　悦芽科技有限公司存货周转率分季度趋势图

从图 11-4 中可以看出：第 1、2 季度的存货周转率明显低于行业平均值，但第 3、4 季度又显著高于行业平均值。后两季度显然优于前两季度。

11.1.5 固定资产周转率

固定资产周转率的计算公式如下：

$$固定资产周转率 = \frac{主营业务收入}{固定资产平均余额} \times 100\%$$

$$固定资产平均额 = \frac{固定资产期初余额 + 固定资产期末余额}{2}$$

固定资产余额是指固定资产原价扣除累计折旧后的余额。

一般来说，固定资产周转率越高，说明固定资产周转天数越短，固定资产周转越快，利用充分；反之，说明固定资产周转慢，利用不充分。当然，如果固定资产周转得过快，则需要结合企业具体情况分析原因，看看生产能力是否已经饱和，是否需要增加或更新设备。图 11-5 为悦芽科技有限公司固定资产周转率分季度趋势图。

从图 11-5 可以看出：该公司的固定资产周转率基本上与行业整体的固定资产周转率的发展趋势相同，且呈上升趋势，但每个季度都要显著优于行业水平。后 3 季度明显周转加快，且第 3 季度最好为 1137%。

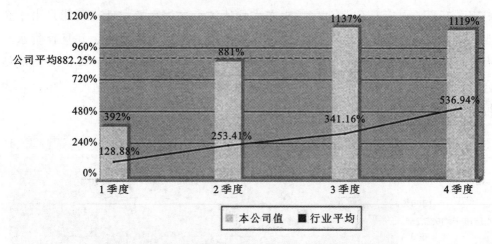

图 11-5　悦芽科技有限公司固定资产周转率分季度趋势图

11.1.6 总资产周转率

总资产周转率的计算公式如下：

$$总资产周转率 = \frac{主营业务收入}{总资产平均余额} \times 100\%$$

$$总资产平均余额 = \frac{总资产期初余额 + 总资产期末余额}{2}$$

一般来说，总资产周转率越高，总资产周转天数就越短，说明企业所有资产周转得越快，同样的资产取得的收入越多，因而资产的管理水平越高。图 11-6 为悦芽科技有限公司总资产周转率分季度趋势图。

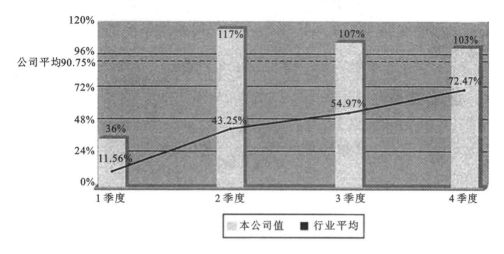

图 11-6　悦芽科技有限公司总资产周转率分季度趋势图

从图 11-6 可以看出：该公司的总资产周转率与行业整体的总资产周转率相比，每个季度都要显著优于行业水平。第 1 季度为 36%，相较其他 3 个季度明显偏低；第 2 季度达到最高 117%，第 3、4 季度缓慢回落。

11.1.7　流动比率

流动比率的计算公式如下：

$$流动比率 = \frac{流动资产}{流动负债} \times 100\%$$

流动比率的意义在于揭示流动资产对流动负债的保障程度，考察短期债务偿还的安全性。因为在一般情况下，企业将动用流动资产来偿还流动负债。如果企业必须动用其长期资产来偿还流动负债，就很可能对企业长期的盈利能力产生较大的负面影响，长此以往，必然导致企业长期发展后劲乏力，使企业整个经营状况与财务状况恶化。因此，流动比率越高，企业的短期偿债能力越强。图 11-7 为悦芽科技有限公司流动比率分季度趋势图。

从图 11-7 可以看出：整个行业除第 2 季度外，流动比率基本呈下降趋势，第 3 季度畸高，为 26230.06%，该公司的流动比率第 1、3 季度要低于行业平均值，但第 2、4 季度要高于行业平均值。该公司 4 个季度的流动比率呈现波动状态，但变化不大。

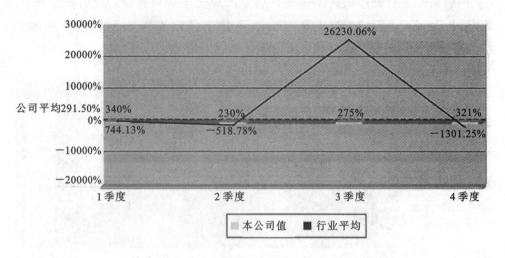

图 11-7 悦芽科技有限公司流动比率分季度趋势图

11.1.8 速动比率

速动比率的计算公式如下:

$$速动比率 = \frac{速动资产}{流动负债} \times 100\%$$

式中,速动资产是指流动资产减去变现能力较差且不稳定的预付账款、存货、其他流动资产等项目后的余额。

其中,速动资产的计算公式为:

$$速动资产 = 货币资金 + 短期投资 + 应收账款 + 其他应收款$$

速动比率是用来衡量企业流动资产可以即刻用于偿付到期债务的能力,是流动比率分析的一个重要辅助指标。一般来说,速动比率越高,说明企业的流动性越强,流动负债的安全程度越高,短期债权人到期收回本息的可能性越大。但从企业的角度看,速动比率也不是越高越好,要具体问题具体分析。根据经验,通常认为速动比率接近 1 比较合理。图 11-8 为悦芽科技有限公司速动比率分季度趋势图。

从图 11-8 可以看出:整个行业除第 2 季度外,速动比率基本上呈下降趋势,第 3 季度畸高,为 19252.63%,该公司的速动比率第 1、3 季度要低于行业平均值,第 2、4 季度要高于行业平均值。该公司 4 个季度的速动比率呈现波动状态,但变化不大。

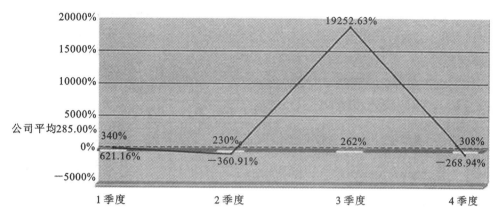

图 11-8 悦芽科技有限公司速动比率分季度趋势图

11.1.9 应收账款周转率

应收账款周转率的计算公式如下：

$$应收账款周转率 = \frac{主营业务收入净额}{应收账款平均余额} \times 100\%$$

$$应收账款平均余额 = \frac{应收账款期初余额 + 应收账款期末余额}{2}$$

一般来说，应收账款周转率越高，应收账款周转天数越短，说明应收账款收回得越快，应收账款的流动性越强；反之，应收账款周转率越低，说明应收账款的收回越不顺畅。但是，如果一个企业的应收账款周转率过高，则可能是由于企业的信用政策过于苛刻所致，这样有可能会限制企业销售规模的扩大，影响企业长远的盈利能力。图 11-9 为悦芽科技有限公司应收账款周转率分季度趋势图。

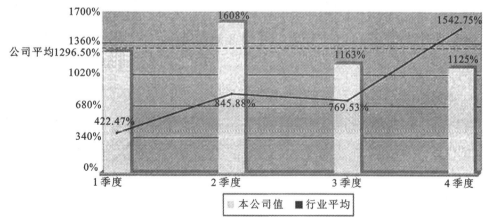

图 11-9 悦芽科技有限公司应收账款周转率分季度趋势图

从图 11-9 可以看出：该公司第 1、2、3 季度的应收账款周转率优于行业平均值。该公司的应收账款周转率除第 2 季度最高达到 1608% 外，总体呈现稳中有降的趋势。

11.1.10 资产负债率

资产负债率的计算公式如下：

$$资产负债率 = \frac{负债总额}{资产总额} \times 100\%$$

资产负债率是最为常用的反映企业长期偿债能力的财务指标。揭示了资产与负债之间的依存关系，即资产中有多少是通过负债筹资形成的。资产负债率越高，表明资产对负债的保障程度越低。一般来说，资产负债率越低，企业的负债越安全，财务风险就越小。但是，从企业和股东的角度出发，资产负债率并不是越低越好，因为资产负债率过低往往表明企业没有能力充分利用财务杠杆，即没能充分利用负债经营的好处。因此，在评价企业的资产负债率时，需要在收益和风险之间权衡利弊，充分考虑各种因素。图 11-10 为悦芽科技有限公司资产负债率分季度趋势图。

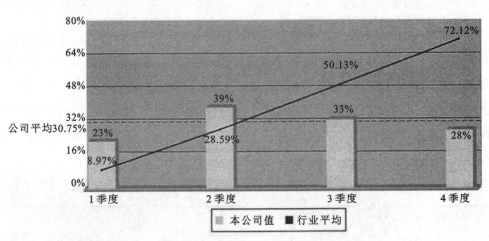

图 11-10　悦芽科技有限公司资产负债率分季度趋势图

从图 11-10 可以看出：行业的资产负债率呈直线上升，该公司第 1、2 季度资产负债率要高于行业平均值，但第 3、4 季度资产负债率明显低于行业平均值。该公司第 1 季度资产负债率相较其他 3 个季度最低为 23%；第 2 季度资产负债率最高为 39%；第 3、第 4 季度资产负债率逐步递减。

11.1.11 成本费用净利率

成本费用净利率的计算公式如下：

$$成本费用净利率 = \frac{净利润}{成本费用} \times 100\%$$

成本费用净利率反映企业生产过程中发生的耗费与获得的收益之间的关系。这一比率越高，说明企业为获取收益而付出的代价越小，企业的获利能力越强。因此，通过这个比率不仅可以评价企业获利能力的高低，也可以评价企业对成本费用的控制能力和经营管理水平。图11-11为悦芽科技有限公司成本费用净利率分季度趋势图。

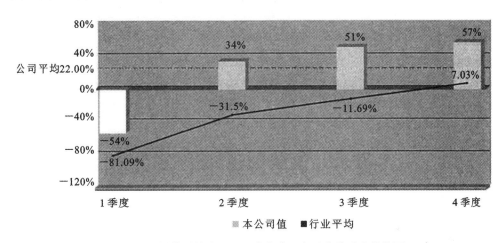

图11-11　悦芽科技有限公司成本费用净利率分季度趋势图

从图11-11可以看出：该公司在4个季度的成本费用净利率的发展趋势与行业整体的发展趋势相同，呈上升趋势，各个季度都优于行业平均值。该公司除第1季度成本费用净利率为-54%外，其余均为正值，且稳步增长。

11.1.12 已获利息保障倍数

已获利息保障倍数的计算公式如下：

$$已获利息保障倍数 = \frac{息税前利润}{利息费用} \times 100\%$$

该指标反映公司获利能力对债务所产生的利息偿付保证程度。已获利息保障倍数越高，说明企业支付利息的能力越强；反之，则说明企业支付利息的能力越弱。此比例若低于1，说明企业实现的经营成果不足以支付当期利息费用，这意味着企业的付息能力非常低，财务风险非常高，需要引起高度重视。

应注意，对企业和股东来说，也并非简单地认为已获利息保障倍数越高越好，因为如果高的已获利息保障倍数不是由高利润带来的，而是由低利息导致的，说明企业的财务杠杆程度很低，未能充分利用举债经营的好处。图 11-12 为悦芽科技有限公司已获利息保障倍数分季度趋势图。

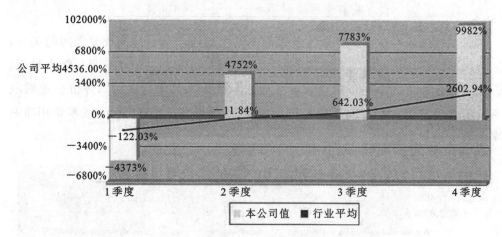

图 11-12　悦芽科技有限公司已获利息保障倍数分季度趋势图

从图 11-12 可以看出：该公司在 4 个季度的已获利息倍数的发展趋势与行业整体的发展趋势相同，呈上升趋势，但除第 1 季度外，其他 3 个季度的已获利息倍数都优于行业平均值。该公司除第一季度已获利息保障倍数为 -4373% 外，其余均为正值，且稳步增长。

11.2　企业财务综合分析

点击"综合分析报告—财务报表—财务分析"，可以查看各阶段公司的财务分析指标，包括盈利能力、经营能力、偿债能力等三方面共十二项财务指标。

下面以悦芽科技有限公司 4 个季度的实际得分来综合分析该企业的经营状况。从该公司各季度的财务分析报表中的实际得分可以汇总制作出表 11-1。

表 11-1　悦芽科技有限公司财务分析分指标

指标		1 季度	2 季度	3 季度	4 季度
盈利能力指标	销售毛利率/（%）	11.33	19.41	19.06	18.02
	销售净利率/（%）	5.00	15.46	19.89	20.00
	净资产收益率/（%）	5.00	20.00	20.00	20.00
	成本费用利润率/（%）	5.00	6.84	10.11	11.34

续表

指标		1季度	2季度	3季度	4季度
经营能力指标	固定资产周转率/（%）	10.00	10.00	10.00	10.00
	应收账款周转率/（%）	10.00	10.00	10.00	10.00
	总资产周转率/（%）	5.00	5.00	5.00	5.00
	存货周转率/（%）	20.00	20.00	20.00	20.00
偿债能力指标	流动比率/（%）	8.50	5.76	6.87	8.03
	速动比率/（%）	10.00	10.00	10.00	10.00
	资产负债率/（%）	20.00	12.73	15.13	17.67
	已获利息倍数/（%）	5.00	10.00	10.00	10.00

依据表11-1汇总制作出表11-2。

表11-2 悦芽科技有限公司财务分析综合指标

指标	1季度	2季度	3季度	4季度
盈利能力综合指标/（%）	26.33	61.71	69.06	69.36
经营能力综合指标/（%）	45.00	45.00	45.00	45.00
偿债能力综合指标/（%）	43.50	38.49	42.00	45.70
综合测评得分/（%）	114.83	145.2	156.06	160.06

依据表11-2的数据，可以制作出图11-13至图11-16。

从图11-13可以看出：该公司盈利能力逐步增强，但第3、4季度盈利能力基本持平。从各季度利润表也可看出，第1季度企业处于亏损状态，但从第2季度开始营业收入明显增大，同时费用也逐步增大。

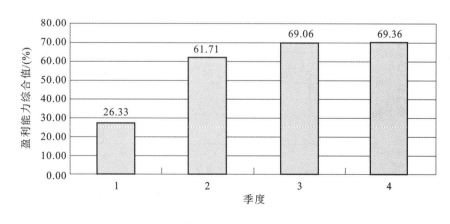

图11-13 悦芽科技有限公司盈利能力分析图

从图 11-14 可以看出：该公司各季度的经营能力基本相同。

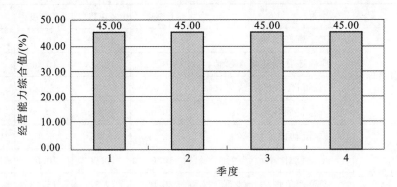

图 11-14　悦芽科技有限公司各季度经营能力分析图

从图 11-15 可以看出，该公司偿债能力在第 2 季度处于最差状态，第 4 季度最好。这可以从各季度资产负债表来验证，因为该公司第 4 季度流动资产非常高，而第 2 季度流动资产很低。

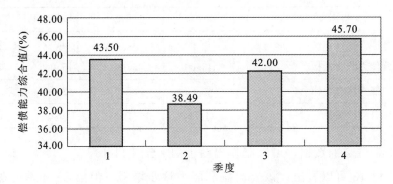

图 11-15　悦芽科技有限公司偿债能力分析图

从图 11-16 可以看出：综合考虑盈利能力、经营能力和偿债能力，该公司经营状况总体来说逐渐趋好，第 4 季度相较前 3 季度为最好。

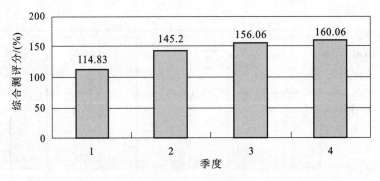

图 11-16　悦芽科技有限公司各季度综合测评分析图

11.3 报表分析

点击"综合分析报告—报表分析—财务报表对比",可以查看各季度各公司的财务报表。由累计对比的利润表可以看出:悦芽科技有限公司截止到第4季度的净利润为923521.19元,而欢欢喜喜公司只有108852.91元,其净利润只是悦芽科技有限公司的11.8%。究其原因:两个公司的营业收入差异很大,悦芽科技有限公司截止到第4季度的营业收入为4102557元,而欢欢喜喜公司只有1468072元。

11.4 经营绩效分析

(1) 点击"综合分析报告—经营绩效—综合表现",可以查看各阶段各公司的综合表现及综合表现趋势。

综合表现分数计算法则:

$$综合表现 = 盈利表现 + 市场表现 + 成长表现$$

基准分数为100.00分,各项权重分别为:盈利表现权重35.00分;市场表现权重40.00分;成长表现权重25.00分。如果出现紧急贷款,综合分值会扣除1.00分/次。各项权重由教师设置。

图11-17显示悦芽科技有限公司综合评价得分从第1季度的101.31分上升到第4季度的198.97分,综合表现出色。结合在32支队伍中每个季度的排名来看,第1季度至第3季度的排名分别是第5、3、2名,截止到第4季度的排名为第1名,表现不俗。

而第1季度处在第一位的欢欢喜喜公司则综合排名起伏很大,由第一名掉到第十名(第4季度),其综合表现趋势如图11-18所示。

点击"综合分析报告—经营绩效—盈利表现",可以查看各阶段各公司的盈利表现及盈利表现趋势。

注:盈利表现最低为0.00,最高为70.00。

下面以悦芽科技有限公司为例,进行分析。图11-19显示该公司盈利表现具有后劲,各季度排名分别是第26、5、2、2名。

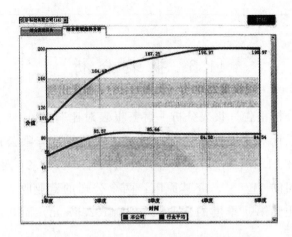

图 11-17　悦芽科技有限公司综合表现曲线图

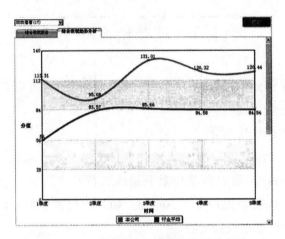

图 11-18　欢欢喜喜公司综合表现曲线图

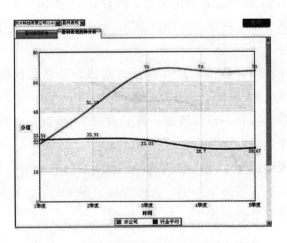

图 11-19　悦芽科技有限公司盈利表现曲线图

而欢欢喜喜公司则起伏波动大，见图 11-20。各季度盈利表现排名分别是第 1、13、8、10 名。

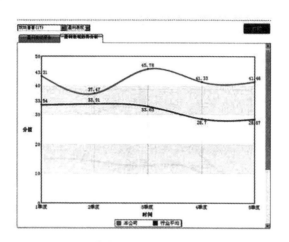

图 11-20 欢欢喜喜公司盈利表现曲线图

（2）点击"综合分析报告—经营绩效—市场表现"，可以查看各阶段各公司的市场表现及市场表现趋势。

$$市场表现 = \frac{国内市场交付数量}{所有企业国内市场平均累计交货数量} \times 0.60 +$$

$$\frac{国际市场交付数量}{所有企业国际市场平均累计交货数量} \times 0.15 +$$

$$\frac{网络市场交付数量}{所有企业网络市场平均累计交货数量} \times 0.25 \times$$

40.00（市场表现权重）

注：市场表现权重最低为 0.00，最高为 80.00。

下面以悦芽科技有限公司为例，进行分析。图 11-21 显示该公司市场表现一直处于上升趋势，各季度排名分别是第 4、4、2、1 名。

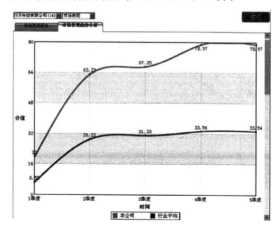

图 11-21 悦芽科技有限公司市场表现曲线图

而欢欢喜喜公司从第 1 季度的 24 到第 3 季度达 54.24，第 4 季度出现下降，见图 11-22，各季度排名分别是第 5、13、10、11 名。

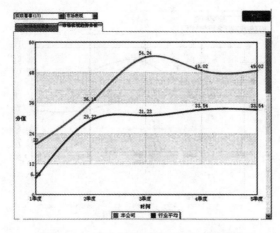

图 11-22　欢欢喜喜公司市场表现曲线图

（3）点击"综合分析报告—经营绩效—成长表现"，可以查看各阶段各公司的成长表现及成长表现趋势。

$$成长表现 = \frac{本企业累计销售收入}{所有企业平均累计销售收入} \times 25.00\%$$

注：成长表现最低为 0.00，最高为 50.00。

下面以悦芽科技有限公司为例，进行分析。图 11-23 显示该公司成长表现一直处于平缓趋势，各季度排名分别是第 4、3、3、3 名。

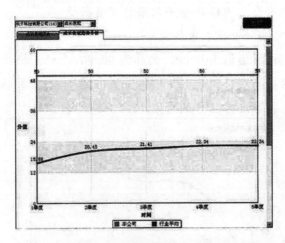

图 11-23　悦芽科技有限公司成长表现曲线图

而欢欢喜喜公司从第 1 季度的 50 到第 2 季度跌至 21.44，第 3 季度和第 4 季度分别为 30.99 和 29.96，见图 11-24，表明该公司成长性不足。各季度排名分别是第 5、13、10、11 名。

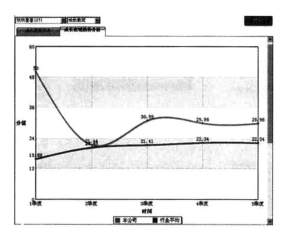

图 11-24　欢欢喜喜公司成长表现曲线图

11.5　产品报告

点击"综合分析报告—产品报告—产品设计",可以查看公司产品设计情况。悦芽科技有限公司开发了五个产品,基本涵盖了四种消费群体,其中,不需研发周期的一个,研发周期为1的两个,研发周期为2的两个,产品设计达到最大量。

11.6　销售报告

11.6.1　波士顿图

点击"综合分析报告—销售报告—波士顿图",可以查看各阶段各公司的产品在市场增长率与相对市场份额上的比重,也就是波士顿矩阵的分析结果。

页面上方提供了季度选项、公司选项、市场选项、渠道选项,页面以图形形式显示数据。

下面以悦芽科技有限公司为例,加以分析。该公司研发产品有四个,品牌分别是悦新1号、悦新2号、悦芽2号、悦芽4号。都属于问题产品,没有明星产品和现金牛产品,产品结构不合理。问题产品是处于高增长率、低市场占有率象限内的产品群，前者说明市场机会大、前景好，而后者说明在市场营销上存在问题。对问题产品应采取选择性投资战略，即首先确定对该象限中那些经过改进可能会成为明星产品的产品进行重点投资，提高市场占有率，使之转变成明星产品；对其他将来有希望成为明星产品的产品则在一段时间内采取扶持的策略。因此，对问题产品的改进与扶持方案一般均列入企业长期计划。对于悦芽科技有限公司而言，悦芽2号、悦芽4号产品的发展趋势更偏向于明星产品，而悦新1号、悦新2号处于问题产品的右面，转为明星产品难度大。

欢欢喜喜公司开发的产品只有两个，品牌分别是D123、D99，都处于问题产品区域，没有明星产品和现金牛产品，产品结构不合理。与悦芽科技有限公司相比，由于研发产品数量少，产品又处于问题产品区域，因此需要加强营销力度，提高市场占有率，使部分产品转为明星产品。

11.6.2 产品分析

点击"综合分析报告—销售报告—产品分析"，可以查看公司产品收入情况。悦芽科技有限公司开发了五个产品：悦新1号、悦新2号、悦芽2号、悦芽4号和悦新3号，产品收入共计3680665元，各产品收入所占比重分别为：悦新1号8.48％、悦新2号12.28％、悦芽2号38.33％、悦芽4号40.91％、悦新3号为零（截止到第4季度，还没有完成研发）。

欢欢喜喜公司只开发了2个产品，共计产品收入1468072元，其中D123占43.24％、D99占56.76％。

11.6.3 收入分析

点击"综合分析报告—销售报告—收入分析"，可以查看公司订单分布情况等。悦芽科技有限公司订单量为16575件，已交付2265件；而欢欢喜喜公司的订单量只有3176件，已交付只有1491件。这表明欢欢喜喜公司的市场开发严重不足，没有发展潜力，缺乏竞争优势。

本章小结

通过本章的学习，了解以下内容。

各个模拟公司的基本情况和排名。

针对每个运营公司的市场订单量来分析决策过程中的各种思路和策略,以及各个财务指标的对比分析。

全面了解此平台的底层逻辑和数据规则,与理论知识相结合,与实际企业进行对标,将三大报表进行数据统计分析,吸取教训,总结经验。

附录 1
"营销之道"参数配置

一、决策权限设置

点击"系统参数设置—决策权限设置",可以对系统各决策项目的决策权限进行设置,系统默认的决策权限都属于总经理,教师可以根据小组成员的多少进行调整和授权。

二、基本环境设置

点击"系统参数设置—基本环境设置",可以对系统中的一些基本环境参数进行设置修改。系统默认的模板已经有一套完整的数据资料,可以直接使用这套资料进行授课训练,也可以根据授课的需要进行调整。

点击"系统参数设置—财务指标设置",可以对系统中财务指标类别及相关参数进行设置修改。财务指标主要分为三类:盈利能力分析、经营能力分析和偿债能力分析。可以分别对它们各自的明细指标设置值进行修改,包括权重和权重的上下限。然后点击保存修改。要恢复原有模板数据,则先选择模板,然后点击"恢复自"即可。

三、产品功能设置

点击"系统参数设置—产品功能设置",可以对系统中产品功能类别及相关参数进行设置修改。主要包括产品的基础价格及对研发的影响系数。其中每一项功能都可以进一步增加功能进行设置修改,也可点击增加大类来增加新功能。要恢复原有模板数据,则先选择模板,然后点击"恢复自"即可。

四、设备产能设置

点击"系统参数设置—设备产能设置"（见图1），系统中默认有四种设备，对它们的成本费用和产能可以进行设置修改。要恢复原有模板数据，则先选择模板，然后点击"恢复自"即可。

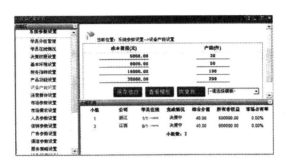

图 1 设备产能设置

五、消费群体设置

点击"系统参数设置—消费群体设置"（见图2），可以对系统中的消费群体类别及相关参数进行设置修改。下拉列表中选择"群体参数设置"和"消费倾向设置"，分别进行参数设置。其中，配置、报价、品牌、渠道、口碑、促销、服务影响消费群体购买的权重。增加群体：可以增加新的更多的消费群体，进行参数设置。查看模板：查看模板数据。恢复自：选择恢复，则还原系统默认模板数据。

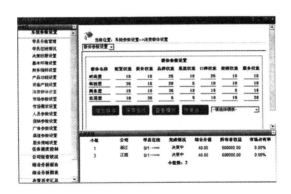

图 2 消费群体设置

对消费群体设置的参数修改，可以设置消费群体对产品构成不同原料的关注程度及喜好情况，可修改数字，调整关注的程度。

六、市场参数设置

点击"系统参数设置—市场参数设置",主要包括华东市场、华北市场、华中市场、华南市场、东北市场、西北市场、西南市场、互联网市场、国际市场。可以对这些市场是否开放进行选择,包括每期开发的成本和开发需要的总周期数。

然后点击"保存修改"。要恢复原有模板数据,则先选择模板,然后点击"恢复自"即可。

七、市场需求设置

点击"系统参数设置—市场需求设置",可以对系统中各个季度的需求订单进行设置修改。

(1)需求参数设置。

"需求参数设置"页面显示,可以对各阶段的市场订单进行详细修改调整。左上角的下拉框是季度选项,可以选择查看各个季度的订单明细。

在市场名称的下拉框中选择查看哪个市场的订单需求,不同渠道的账期是指订单交付后的应收账款周期。其中,专卖店所占比重、经销商所占比重、大卖场所占比重是表示各消费群体所偏好的销售渠道。全部修改好后,点击"保存修改"。

(2)市场订单批量初始化。

"批量初始化需求"页面可以根据参加的小组数一次性批量调整市场订单量,系统默认的是一个小组的数据资料,可按小组数修改,自动生成适合小组数量的订单规模。而前面对各季度各市场订单的需求参数修改还原也可通过此功能。

八、人员参数设置

点击"系统参数设置—人员参数设置",可以对销售人员和促销人员的招聘成本和销售能力、促销能力进行设置修改。要恢复原有模板数据,则先选择模板,然后点击"恢复自"即可。

九、促销参数设置

点击"系统参数设置—促销参数设置",可以对促销内容和促销金额进行设置修改。要恢复原有模板数据则先选择模板,然后点击"恢复自"即可。

十、广告参数设置

点击"系统参数设置—广告参数设置",可以对广告成本和广告产生的影响进行设置修改。要恢复原有模板数据,则先选择模板,然后点击"恢复自"即可。

十一、渠道参数设置

点击"系统参数设置—渠道参数设置",可以对渠道的相关内容进行设置修改。要恢复原有模板数据,则先选择模板,然后点击"恢复自"即可。渠道参数设置包括以下内容。专卖店参数设置(见图3),包括华东、华北、华中、华南、东北、西北和西南的市场,可以修改它们每一期维护的费用,开设费用和最多可安排的销售人员数目。专卖店地段设置,包括地点的名称和地点的费用,也可以选择增加地段。

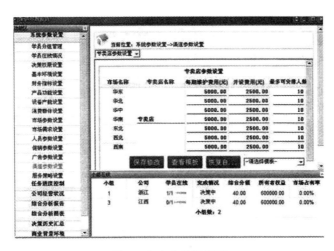

图3 专卖店参数设置

专卖店装修设置包括低档装修和高档装修,不同档次的装修费用不同,可以进行修改,也可以选择"增加装修",设置新的装修档次和装修费用。

经销商参数设置包括各地点市场经销商的品牌权重、售后权重、返利权重、报价权重、口碑权重、配置权重的分配,系统默认的各经销商各权重比例相同,可以进行修改。图4为大卖场参数设置。

国际代理商设置(见图5)中的参数包括是否开放国际市场等。

互联网参数设置包括是否开放这个市场,以及网站的建设成本、每期维护费用、互联网市场费用等。

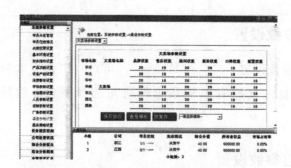

图 4　大卖场参数设置

图 5　国际经销商设置

不同市场区域对功能的偏好不同,所以经销商和大卖场对各功能的评分不同,可以分别对各市场的分值进行修改。要恢复原有模板数据,则先选择模板,然后点击"恢复自"即可。

十二、服务策略设置

点击"系统参数设置—服务策略设置",系统中默认的服务策略内容包括七项,可以选择增加新的服务策略,每一项服务策略的服务费用不同,可以进行修改。要恢复原有模板数据,则先选择模板,然后点击"恢复自"即可。

附录2
"营销之道"数据规则

"营销之道"数据规则见表1。

表1 数据规则

项目	当前值	说明
公司初始现金	600000.00元	正式经营开始之前每家公司获得的注册资金（实收资本）
所得税率	25.00%	企业经营当季利润表中的利润总额如果为正，则按该税率在下季初缴纳所得税
营业税率	5.00%	根据企业营业外收入总额，按该税率缴纳营业税
增值税率	17.00%	按该税率计算企业在采购商品时所支付的增值税款，即进项税，以及企业销售商品所收取的增值税款，即销项税额
城市维护建设税率	7.00%	根据企业应缴纳的增值税、营业税，按该税率缴纳城市维护建设税
教育费附加税率	3.00%	根据企业应缴纳的增值税、营业税，按该税率缴纳教育费附加税
地方教育费附加税率	2.00%	根据企业应缴纳的增值税、营业税，按该税率缴纳地方教育费附加税
公司运营季度数	8季度	公司总共的运营季度数
基本行政管理费	1000.00元/人	根据销售人员和促销人员的人数，按人计算
普通借款利率	5.00%	向银行申请的普通借款季度利率
普通借款还款周期	2季度	向银行申请的普通借款还款时间

续表

项目	当前值	说明
同季最大借款授信额度	100000.00 元	同一个季度内,向银行申请借款的最高额度,累计借款不能超过公司上季度末的净资产
紧急借款利率	20.00%	公司资金链断裂时,系统会自动给公司申请的紧急借款的总利率
紧急借款还款周期	3 季度	系统自动提供的紧急借款的还款周期

与本书配套的二维码资源使用说明

　　本书部分课程及与纸质教材配套数字资源以二维码链接的形式呈现。利用手机微信扫码成功后提示微信登录，授权后进入注册页面，填写注册信息。按照提示输入手机号码，点击获取手机验证码，稍等片刻收到4位数的验证码短信，在提示位置输入验证码成功，再设置密码，选择相应专业，点击"立即注册"，注册成功。（若手机已经注册，则在"注册"页面底部选择"已有账号？立即注册"，进入"账号绑定"页面，直接输入手机号和密码登录。）接着按提示输入学习码，需刮开教材封面防伪涂层，输入13位学习码（正版图书拥有的一次性使用学习码），输入正确后提示绑定成功，即可查看二维码数字资源。手机第一次登录查看资源成功以后，再次使用二维码资源时，只需在微信端扫码即可登录进入查看。